Curt von Maltzahn

Der Seekrieg

Seine geschichtliche Entwickelung vom Zeitalter der Entdeckungen bis zur Gegenwart

Curt von Maltzahn

Der Seekrieg

Seine geschichtliche Entwickelung vom Zeitalter der Entdeckungen bis zur Gegenwart

ISBN/EAN: 9783955644390

Auflage: 1

Erscheinungsjahr: 2013

Erscheinungsort: Bremen, Deutschland

@ EHV-History in Access Verlag GmbH, Fahrenheitstr. 1, 28359 Bremen. Alle Rechte beim Verlag und bei den jeweiligen Lizenzgebern.

Der Seekrieg

Seine geschichtliche Entwickelung
vom Zeitalter der Entdeckungen bis zur Gegenwart

Von

Curt Freiherr v. Maltzahn
Vize-Admiral außer Diensten

Druck und Verlag von B. G. Teubner in Leipzig 1906

Vorwort.

Nachfolgende Schrift ist entstanden aus einer Reihe von Vorträgen, die ich im Anfang dieses Jahres in Hamburg auf Veranlassung der Oberschulbehörde gehalten habe. Daher stammt auch der zusammenfassende Titel und ich habe ihn beibehalten, wenn ich mir auch darüber klar bin, daß in der für die Bände dieser Sammlung gebotenen Beschränkung sich nur ein orientierender Überblick und keine die geschichtliche Entwickelung des Seekrieges erschöpfende Arbeit liefern läßt. Dem entspricht denn auch das Herausgreifen einiger Hauptperioden, die nur durch kurze Überleitungen zu einem Ganzen verbunden sind.

Außer den unter dem Text angegebenen Quellen habe ich für Seekriegsgeschichte die Schriften Mahans: The influence of seapower upon history und The influence of seapower upon the french revolution and empire benutzt, die auch für eingehendere Orientierung zu empfehlen sein würden, ferner die handelsgeschichtliche Skizze: Seehandel und Seemacht von Professor E. Speck. Die Überleitung aus der historischen Zeit in die Gegenwart und die Darstellung der heutigen Verhältnisse des Seekrieges ist der Hauptsache nach eigenen Arbeiten entnommen, d. h. Vorträgen, die ich seiner Zeit an der Marine-Akademie über Seekriegslehre gehalten habe, und späteren Publikationen.

Göttingen, November 1905.

Freiherr v. Maltzahn.

Inhaltsverzeichnis.

                     Seite

Einleitung   ..... 1—5

I. Die Entwickelung der Segel=Kriegsflotte aus der Handels=
flotte, die Trennung beider und deren Folgen. . . 6—43

II. Englands Teilnahme an den Bündniskriegen gegen die
französische Republik und das Kaiserreich ..... 44—67

III. Die Beeinflussung der wirtschaftlichen Verhältnisse durch
die Seeherrschaft der Nordstaaten im amerikanischen
Sezessionskriege   68—86

IV. Die heutigen Weltverkehrsstaaten und der Seekrieg   87—120

Einleitung.

Der Krieg ist ein Interessenkonflikt, der sich blutig löst, kein plötzlich entstehender, in sich geschlossener Akt, sondern ein Akt der Politik, d. h. eine Fortsetzung dessen, was die Politik bisher im Wege der Verhandlungen erstrebte, unter Hinzufügung der kriegerischen Gewalt als Mittel. So wird der Krieg als Mittel der Politik ihr untertan. In der Auffassung, die sich hierin ausprägt, begegnen sich der bedeutendste deutsche Kriegstheoretiker, Klausewitz, und unser größter Realpolitiker, Bismarck. In seinen „Gedanken und Erinnerungen" kommt dieser bei Besprechung der Schwierigkeiten, die ihm als politischer Berater des Kriegs 1871 in Versailles erwuchsen, deshalb dazu, eine Wechselwirkung zwischen Diplomatie und Strategie als notwendig hinzustellen und zu begründen. Beide müssen in Einklang stehen, denn die Politik des Staates wechselt beim Beginn des Krieges, indem sie die Feder mit dem Degen vertauscht, nur das Mittel, aber nicht die Richtung. Und wie so der Krieg aus den Verhältnissen des Friedens herauswächst, so strebt er auch wieder zum Frieden hin: Zweck des Krieges ist die Erzwingung des Friedens nach unseren Bedingungen. Auch in dieser Definition begegnen sich der Stratege und der Politiker, beide gemeinsam müssen der militärischen und der politischen Lage Rechnung tragen, wenn sie in den anzustrebenden Friedensbedingungen das Erreichbare feststellen. So unterbrechen die Kriege die friedliche Entwickelung des Lebens der Völker, was sie erstreben ist aber vielfach nur eine Fortsetzung dessen, was man im Frieden erreichen wollte, und nach einem siegreichen Kriege, der gewaltsam die Hindernisse beseitigte, die die Politik des Gegners uns entgegengestellt hatte, setzten die Arbeiten des Friedens mit neuer Kraft ein.

Kriegszeiten sind also Entscheidungszeiten und Höhepunkte im Völkerleben. Dieselbe Wechselwirkung, die in jedem Kriege zwischen Politik und Strategie besteht und die die höchsten Leistungen nur durch gemeinsame Arbeit beider erreichen läßt, ist auch entscheidend für die Stellung des Krieges in der Geschichte. Will man die Rolle, die die Kriege in der Geschichte eines Landes gespielt haben, richtig einschätzen, will man aus der so gewonnenen historischen Kenntnis Schlüsse ziehen für die Aufgaben, für die Ziele und Zwecke des Krieges als Mittel der Politik der Gegenwart, so muß man bedenken, daß Kriege oft als Fortsetzungen politischer Bestrebungen notwendig sind, daß sie vielfach lange Entwickelungsreihen im Leben der Völker zum Abschluß bringen und deren Geschicke auf Generationen hinaus festlegen. Also ein Verständnis für die politische und, wenn man beides trennen will, oft auch für die wirtschaftliche Vorgeschichte des Krieges ist notwendig, ebenso aber auch eine Kenntnis dessen, was der Krieg selbst leisten kann. Weder der Diplomat, der mit dem Strategen in Kriegszeiten gemeinsam arbeiten soll, noch der Historiker, der die Geschichte eines Krieges einfügen will in seine Schilderung, noch der Politiker, der Stellung zu nehmen hat zu den Fragen, die die heutige Zeit bewegen, kann solche Kenntnis entbehren.

Tragen wir nun in uns ein Bild vom Wesen und Wirken des Krieges, besonders des Seekrieges, das uns zu solcher Stellungnahme instand setzt? Schon der Krieg an sich war dem Geschlecht fremd geworden, das, noch in der ersten Hälfte des vorigen Jahrhunderts geboren, die lange Friedenszeit durchlebte, die den Napoleonischen Kriegen folgte. Wo aber die historische Betrachtung oder die mündliche Überlieferung einsetzte, da handelte es sich allein um den Landkrieg. Deutschland war, trotzdem zwei Meere seine Küsten umspülen, wirtschaftlich und politisch abgerückt von der See. Was auf dem Meere geschah, erschien den Deutschen weltenfremd, wo aber der Seekrieg indirekt in die Geschicke des Landes eingriff, da fehlte ihnen — von wenigen Einsichtigeren abgesehen — der richtige Maßstab dafür. Die siegreichen Schlachten des großen Königs, die der Übermacht seiner Gegner die Großmachtstellung Preußens abrangen, verschlossen den Blick dafür, daß zu derselben Zeit und im engen Zusammenhang damit ein siebenjähriger Krieg auf dem Weltmeere über das Schicksal großer Nationen entschied. Die mit-

entscheidende Rolle, die in den Napoleonischen Kriegen Englands
Seeherrschaft spielte, wurde teils als etwas selbstständliches an=
gesehen, teils nicht richtig erkannt, weil die Kriegstaten der
Heere, die das Vaterland vom Joche der Fremdherrschaft be=
freiten, dem Betrachter näher standen. Entscheidender noch für
das Denken Vieler aber wurde es, daß auch die glorreichen
Kriege, die in der Aufeinanderfolge der Jahre von 1864 bis
1870 das neue deutsche Reich haben entstehen lassen, Landkriege
gewesen sind. Die großen Erfolge, die der Landkrieg errang,
ließen es übersehen, wie anders sich auch diese Kriege vielfach
gestaltet haben würden, wenn eine starke Rüstung zur See ein
Eingreifen von dorther ermöglicht hätte. Wo aber sonst in der
zweiten Hälfte des vergangenen Jahrhunderts auf dem Wasser
gefochten wurde, da handelte es sich — von der Seeschlacht bei
Lissa will ich absehen — um Küstenkämpfe und Gefechte ein=
zelner Schiffe, denen man entscheidende Bedeutung nicht zuzu=
erkennen brauchte. Erst in der allerneusten Zeit haben
wir wieder gesehen, wie mit Hilfe des Seekrieges
Weltgeschichte gemacht wird und neues Interesse wie be=
ginnendes Verständnis wendet sich ihm zu. Beides, das neu
entstandene Interesse, wie das Streben nach Verständnis für
die Ziele und Zwecke des Seekriegs, wird auch dadurch ge=
fördert, daß die moderne Nachrichtenübermittelung jeden Zeitungs=
leser unmittelbarer mit all den Einzelheiten der Kriegführung
bekannt macht, die er nun doch auch verstehen und richtig ein=
schätzen will. Das Land der allgemeinen Wehrpflicht glaubt
nun einmal, mehr als es sonstwo vielleicht geschieht, ein Urteil
über alle militärischen Vorkommnisse auf der Welt sich bilden
zu müssen und gewöhnt sich allmählig daran, in diesen Begriff
auch all das einzubeziehen, was zum Seekriege gehört. Auch
hierin ist der Wandel erkennbar, der sich vollzogen hat. Aber
auch materielle Gründe kommen hinzu. Je mehr Deutschland
wie alle großen Kulturstaaten dadurch, daß das heutige Wirt=
schaftsleben sich ausgestaltet hat zur Weltwirtschaft, kommerziell
und industriell abhängig geworden ist von der See, desto mehr
fühlt es am eigenen Leibe, wie jeder Seekrieg es schon als
Neutralen in Mitleidenschaft zieht und bereitet sich darauf vor,
daß ein Seekrieg, der unser Vaterland selbst zum Schutze seiner
Seeinteressen auf den Kampfplatz riefe, es wohlgerüstet finde.

Aus dem Bestreben, dem hier geschilderten Bedürfnis nach

Kenntnis vom Seekriege Rechnung zu tragen, ist die nach=
folgende Schrift entstanden. Sie will versuchen, den See=
krieg als Kriegsmittel und damit als ein Glied in
der Kulturentwickelung der Völker in unser histo=
risches Denken einzufügen. Daß ich, von dem Spezial=
thema des Seekrieges vielleicht abgesehen, hierbei nur das in
weitere Kreise trage, was den historisch geschulten Leser, wenn
auch in anderem Zusammenhange wohl schon bekannt ist, darauf
habe ich selbst hindeuten wollen, indem ich mich an vielen
Stellen des ersten Abschnitts auf die Schriften von Ranke berufe.

Die Rolle, die der Seekrieg gespielt hat, ist nicht immer
dieselbe geblieben. Unsere Darstellung wird dies erkennen lassen,
ich möchte aber über die geschichtliche Entwickelung, die er ge=
nommen hat, hier schon einige Worte sagen.

Will der Krieg den Frieden erzwingen, so muß er seine
Machtmittel anwenden, um dem Feinde einen Schaden zuzu=
fügen, den er schwerer empfindet als das, was man als Friedens=
bedingung ihm auferlegen will. Der Seekrieg ist hierzu von
jeher auf zwei verschiedene Weisen benutzt worden: entweder
indem man die See militärisch besetzte und sie als Straße benutzte,
um dem Feinde Landbesitz zu entreißen, oder indem man, von
der See als Handelsweg ausgehend, den Seehandel des Feindes
als Schädigungsobjekt sich auserwählte, den eigenen Handel aber
vor den Angriffen des Feindes schützte. Neben diesen Grund=
formen her gingen andere, die aus der Mischung beider ent=
standen: die Küstenschädigung, wo die Machtmittel zum An=
setzen des Angriffs mit Heeresmacht nicht genügten, der Kolonial=
krieg der dem Feinde Landbesitz entriß, dadurch zugleich aber
seinen überseeischen Handel schädigte, und schließlich entstand so
auch die Beherrschung der See, um sie zu verteidigen. Solche
Verteidigung der See gibt dem, der von der See allein lebt,
alles was er braucht, nimmt dem Feinde aber zugleich die Mög=
lichkeit, mit Mitteln des Landkrieges den Krieg zu beenden, wo
ihm hierfür nur der Seeweg offen steht.

Man sieht hieraus, daß die Kriegführung zur See die
Kampfform wählen muß nach den Machtmitteln, die das eigene
Land bietet, nach dem was man vom Feinde zu erwarten hat
und danach, wo er am verwendbarsten ist, d. h., welche Schädigung
ihm am schnellsten den Frieden aufzwingen kann. Ein auf die
Kraft seiner Heere gestelltes Volk wird daher geneigt sein, die

Flotte dem Heer für dessen Zwecke anzugliedern. Die Perserkriege, die Könige der römischen Mittelmeermacht hatten mit dem Kampf um den Seehandel direkt nichts zu tun. Einen anderen Weg sind die Phönizier gegangen. Der zunächst friedlich, dann aber mit bewaffneter Hand betriebene Seehandel führte sie an ferne Küsten, ließ sie dort Niederlassungen gründen, die militärisch besetzt, die im Kolonialkriege verteidigt und erweitert wurden, bis schließlich die phönizisch-karthagische Macht mit dem römischen Reiche zusammenstieß und der so entstandene Konflikt in einem über die See hinweggeführten Landkriege endete.

Die geschichtliche Entwickelung des Seekrieges ist daher, abgesehen von der im Laufe der Jahrhunderte vorschreitenden Ausgestaltung der technischen Mittel der Seefahrt und des Seekrieges, eng verknüpft mit der Geschichte der Völker, die, an der See wohnend, sie nach der Eigenart ihrer politischen und wirtschaftlichen Bestrebungen für ihre Zwecke benutzten. Die Benutzung der See als Straße zum Ansetzen des Landkrieges ist in ihren Grundzügen dieselbe geblieben durch die Jahrhunderte hindurch, sie hat nur in jedem Falle die Gestalt angenommen, die sich aus der geographischen Lage der kriegführenden Länder für die Mischung von Landkrieg und Seekrieg ergab. Geändert, d. h. geschichtlich entwickelt, haben sich dagegen die Beziehungen der Länder zur See als Hauptweg des Handels und Verkehrs, bis schließlich alle großen Staaten Seeinteressen bekommen haben und dadurch abhängig geworden sind von der See und vom Seekriege. Dem Verständnis für diese geschichtliche Entwickelungen sollen die nachfolgenden Einzelbilder dienen; sie sind zugleich so ausgewählt, daß sich aus ihnen auch die Hauptphasen des Entwickelungsganges der Waffen des Seekrieges und der Wandel strategischer und taktischer Anschauungen erkennen läßt.

I. Die Entwickelung der Segel-Kriegsflotte aus der Handelsflotte, die Trennung beider und deren Folgen. (1500—1713.)

Die beiden Jahrhunderte, die ich hier zu einer Periode in der geschichtlichen Entwickelung des Seekrieges zusammenfasse, leiten über von den Verhältnissen des Mittelalters zu dem Zustande auf der See, der in seinen Folgen maßgebend gewesen ist bis zum heutigen Tage. Denn der 1713 geschlossene Friede von Utrecht, der Schluß der Kriege Ludwig XIV., legte die Fundamente zu der militärischen und politischen Beherrschung der See durch England. Von den Zuständen am Ende des Mittelalters müssen wir daher ausgehen, wenn wir den Gang dieser Entwickelung verstehen wollen, und da der Seekrieg von Anfang an eng verknüpft gewesen ist mit dem Seehandel, beginne ich mit einer Schilderung der Handelswege und Handelsstaaten zu dieser Zeit.

In der Mitte der den Seehandel Europas tragenden Handelsstraße stand das Mittelmeer. Den Anschluß nach Osten hin über die kleinasiatisch-ägyptische Landbrücke hinweg bildete der indische Ozean. Auf ihm beförderten die arabischen Flotten die Waren, die ihnen Chinesen und Malayen aus dem äußersten Osten zuführten, oder die sie selbst aus Indien und von der Ostküste Afrikas holten. In den nordischen Meeren herrschte noch, wenn auch schon durch den aufkommenden niederländischen Rivalen bedroht und durch die Änderung politischer Zustände eingeengt, der hansische Handel vor. Über Lissabon als Umschlagsplatz an die Handelstraßen des Mittelmeers anknüpfend, überdeckte er sich an den Küsten des atlantischen Ozeans zum Teil mit dem der Mittelmeerrepubliken, die ihre Waren bis nach England und Flandern hinauf vertrieben. An diesem das alte

Europa umfassenden Seehandel, der auch oben im Norden durch Rußland hindurch an asiatische Landhandelsstraßen sich anschloß, hatten auch einige spanische und französische Seestädte, ich nenne Barcelona und Marseille, Anteil, als Seehandelsstaaten sind in dieser Zeit aber wohl allein die Mittelmeerrepubliken zu betrachten. Wohl hatte der Hansebund zu Zeiten eine Vereinigung gebildet, die als Ganzes Verträge schloß und Kriege in gemeinsamen Interesse führte, aber ihre Glanzzeit war um 1500 bereits vorüber und daß hinter ihren Handelsbestrebungen keine politisch geschlossene wehrhafte Staatsgewalt stand, war einer der Hauptgründe seines Verfalls. Die eigentlichen Staaten aber waren noch zu sehr mit ihrer inneren Konsolidation beschäftigt, Handel und Handwerk in ihnen ruhten noch zu sehr auf heimischen Boden, als daß es notwendig oder angängig gewesen wäre, ihren über das Staatsgebiet hinausreichenden Interessen in den politischen Erwägungen einen entscheidenden Einfluß zuzuerkennen.

Wie stand es nun zu dieser Zeit mit der Seekriegsrüstung der Seestaaten und mit den Formen des Seekrieges? Als Kriegsschiff im eigentlichen Sinne galt immer noch die im Kampf allein von Ruderern fortbewegte Galeere, die Nachfolgerin der griechischen und römischen Kriegsfahrzeuge des Altertums, und wo überhaupt organisierte Kriegsflotten bestanden, waren sie aus Galeeren zusammengesetzt. Will man diese Fahrzeuge taktisch charakterisieren, so ist dafür entscheidend, daß sie ihre Stärke vorn im Bug hatten, teils durch den Sporn, mit dem sie den Gegner anrannten, teils dadurch, daß ihre Artillerie im Bug aufgestellt war. Wollte man mit dieser Fernwaffe das Gefecht einleiten, so mußte man daher die Schiffe nebeneinander in Schlachtordnung stellen und so dem Feinde entgegenfahren. Es wurde durch diese Nebeneinanderstellung zugleich Deckung geschaffen für die ungeschützten und unarmierten Breitseiten, auf denen sich die Ruder befanden. Weiter ist für die Verwendung der Galeeren charakteristisch ihre freie Beweglichkeit, die sie unabhängig machte von der Windrichtung, die ihnen erlaubte, ihren Platz frei zu wählen und beliebig zu wechseln.

So lag denn der Galeerentaktik die Aufstellung in breiter Formation zugrunde und die Tendenz, daß die frei beweglichen Geschwader einander im Anlauf wie während der Schlacht Hilfe bringen sollten. Da der Kampf zunächst im Aufeinanderlos-

gehen bestand und bei der geringen Tragweite der Artillerie
erst auf kurze Entfernungen begonnen werden konnte, kam man
bald aneinander und im wilden Massenkampf des Nahgefechtes
wurde die Schlacht entschieden. Immerhin blieb Gelegenheit
zum taktischen Manöver der Überflügelung und zum Einsetzen
von Reserven. Wenn so einerseits der Kampf der Galeeren,
sich dem damaligen Anschauungen des Landkrieges anpassend,
auf gesunder taktischer Grundlage stand, so verführte andrerseits
die freie Beweglichkeit zu komplizierten Manövern und die
Galeerentaktik der italienischen Admirale zu Ausgang des Mittel=
alters war ausgeartet zur Künstelei.

Der freien Beweglichkeit der Ruderschiffe in der Taktik
stand eine recht beschränkte strategische Verwendbarkeit gegenüber.
Die langen, wenig tiefgehenden Fahrzeuge hatten nur geringen
Freibord, jeder Seegang hinderte ihr Fortkommen oder zwang
sie, Schutz zu suchen an der Küste. So war das Mittelmeer
das günstigste Verwendungsfeld der Ruderflotten und dort haben
sie sich auch am längsten gehalten. Wo sie aber seine Grenzen
verlassend sich auf den Ozean hinauswagten, da waren sie noch
mehr wie die Segelschiffe der damaligen Zeit auf die Küsten=
fahrt angewiesen. Ihrer Seeausdauer entstanden aber auch
Schwierigkeiten aus der Natur ihres Motors. Wohl bedienten
sie sich zur Reise bei günstiger Gelegenheit aushilfsweise der
Segel, immerhin waren sie auf die Proviant verzehrende
Menschenkraft der Ruderer angewiesen und blieben abhängig
von Auffüllung des Mundvorrates, wie es heute die Dampf=
schiffe von ihren Kohlenhäfen sind. Bei allen Schwierigkeiten,
die sie brachten, ließen die 200 Nichtkombattanten einer Ruder=
galeere des 16. Jahrhunderts (Ruderer und Matrosen) aber
nur Platz für 60 Kämpfer und ein Troß von Segeltransport=
schiffen begleitete die Kriegsflotte, wo man zum Kampf gegen
die feindliche Küste auszog.

Dies leitet uns über zu den damaligen Formen des See=
krieges mit Ruderschiffsflotten. Sie gingen von dem Bestreben
aus, den Landkrieg anzusetzen oder die feindliche Küste zu ver=
wüsten, und ich möchte sie eine Seebeherrschung von der Küste
her nennen. Der reine Seekrieg, wie wir ihn später kennen
lernen werden, war damals noch unmöglich. Für ihn fehlte
einmal eine Flotte, die sich dauernd auf See halten konnte, um sie
zu beherrschen, und weiter ein Angriffsobjekt, dessen Verlust den

Feind zum Frieden zwang. Die Behauptung der See als Handelsweg konnte allein Staaten nicht am Leben halten, deren Interessen doch wesentlich von den wirtschaftlichen und politischen Beziehungen zu ihren Landnachbaren abhingen, der Verlust des Seehandels allein konnte ihnen den Frieden nicht aufzwingen. Auch die Kriege der in dieser Beziehung verwundbareren Handelsrepubliken bestanden meist in über die See hinweg geführten Angriffen auf die Küste, weil dies mit den damaligen Kriegsmitteln schneller zum Ziele führte. Wenn ich hier wie später bei Besprechung der Kriegführung in dem nordischen Gewässern den Angriff auf die feindliche Küste als Hauptkriegsform hinstelle, so ist damit schon angedeutet, daß es auch andere Formen gab. Daß man besonders auf die Vernichtung des feindlichen Handels nicht verzichtete, daß das Seebeuterecht damals sogar in viel schonungsloserer Form ausgeübt wurde als zu den Zeiten, da das entstehende internationale Recht der räuberischen Willkür Grenzen zu ziehen begann, ist wohl bekannt. Ich möchte dies hier aber doch erwähnen, um nicht mißverstanden zu werden. Überdies fällt ein wichtiger Teil der Handelsschädigung auch mit unter den Begriff Küstenkrieg: die Ausplünderung feindlicher Häfen und aller Schiffe, die in ihnen lagen.

Wie lange dieser Zustand von Schiffstyp und Kriegführung sich gehalten haben würde ohne von außenher auf das Mittelmeer wirkende Einflüsse ist fraglich, aber solche Einflüsse waren schon am Werke, ehe das Zeitalter der Entdeckungen begann. Im Osten legte sich die kultur- und handelsfeindliche Herrschaft der Osmanen, die 1453 Konstantinopel erobert hatten, den Handelswegen als Schlagbaum vor, die bisher den Mittelmeerhandel gespeist hatten, im Westen aber bereiteten sich die Staaten der pyrenäischen Halbinsel auf die Aufgabe vor, die die neue Zeit ihnen auf dem Ozean zuweisen sollte. In Spanien war durch die Heirat Ferdinands von Arragon mit Isabella von Kastilien der mittelmeerisch-atlantische Einheitsstaat vorbereitet worden und 1492 gab ihm die durch den Fall von Granada beendete Besiegung der Mauren die zur Betätigung nach außen hin nötige innere Stärke. Für Portugal aber bereiteten die Fahrten nach den Azoren und die westafrikanische Küste abwärts, die 1471 den Äquator schon überschritten hatten, die späteren Entdeckungen vor.

Verlassen wir das Mittelmeer und wenden uns dem Norden

zu, so trifft unser Blick auf die Hanse. Zu Einfluß und Macht gelangt unter streitenden Gewalten, denen das gemeinsame Interesse des Handels geeint gegenüberstand, getragen durch die Kraft deutscher Städte, die ihre politische Bewegungsfreiheit den ungeordneten Zuständen der Staaten verdankten, in deren Machtbereich sie lagen, mußte sie von ihrer Höhe herabsteigen, als diese Zustände sich änderten und auch hier wie im Süden bereitete das Neue sich schon vor. Je mehr es in Deutschland selbst den Fürsten gelang, Herr zu werden im eigenen Lande, desto mehr mußten die Städte sich unterordnen und von eigener Politik nach außen hin Abstand nehmen. Aber die dadurch gewonnene Stärkung des fürstlichen Ansehens reichte nicht dazu aus, das Handelsinteresse der Untertanen nun zum Besten des Ganzen anderen gegenüber zu vertreten, dazu fehlte teils die nötige Einsicht von der Bedeutung des Handels, teils die Kraft. Wo aber das im Inneren zerspaltene nach außen machtlose Deutsche Reich einzutreten versuchte, da scheiterten die papierenen Proteste und diplomatischen Winkelzüge an der Kraft der rings um das Handelsgebiet der Hanse neu gekräftigten Staaten. So wirkten neben dem aus der allgemeinen Rechtsunsicherheit im Reiche entstandenen Niedergange des deutschen Außenhandels die Beendigung der Rosenkriege in England, die Niederwerfung der großen Vasallen Frankreichs durch Ludwig XI, die Beendigung des Haders der skandinavischen Reiche und schließlich das Emporwachsen der niederländisch-burgundischen Herrschaft mit zum Niedergange der Hanse. Im äußersten Osten aber schloß Iwan III., der Besieger der Mongolenherrschaft in Rußland, das Kontor der Hansen in Nowgorod, mit dem ihr Handel angeschlossen hatte an dem Überlandweg nach Indien. So bereitete sich überall im Handelsgebiet der Hanse ein Wechsel der politischen Machtverhältnisse vor, noch aber hatte sie Kraft um sich zu wehren, und die Mittel dazu gaben ihr ihre Handelsflotte und ihr Handel selbst. Hier, wo eine eigentliche Kriegsflotte nirgends bestand, wo auch in den von Ebbe und Flut bewegten, von Stürmen durchwühlten Gewässern der nordischen Meere eine Galeerenflotte unwirksam gewesen wäre, hatte der Seekrieg von jeher sich mehr auf die Segelschiffahrt gestützt. Sie war zum Transport von Truppen und Kriegsmaterial wohl geeignet und auch hier im Norden stand der Angriff auf des Gegners Küste obenan. Er war für die

Staaten, die noch keine nennenswerte Handelsflotte hatten, die einzige Form der Seekriegführung, der Handelsmacht der Hanse standen noch andere Waffen zur Verfügung. Da sie in der Nord- und Ostsee den Seehandel fast als Monopol betrieb, war sie den Küstenstaaten beinahe unentbehrlich und oft hat schon die Verhängung der Handelssperre — einer Vorläuferin der Handelsblockade von heute — Widerspenstige zum nachgeben gezwungen. Wo dies aber nicht der Fall war, besaßen die Hansen in ihren schon im Frieden gegen Seeraub bewaffneten Handelsschiffen eine Milizmarine für den Krieg, mit der ihre Gegner schwer konkurrieren konnten. Die Hanse als Ganzes hat nie Krieg geführt, wo aber die Notwendigkeit zum kriegerischen Einschreiten vorlag, da taten sich die zunächst beteiligten Städte zusammen zu gemeinsamen Unternehmungen und die eigentliche Kriegsform war dann auch für sie der Angriff auf des Feindes Küste.

Wir stehen hier also auch vom Standpunkt des Seekrieges aus gesehen an der Schwelle einer neuen Zeit. Unten im Süden sehen wir auf geschichtlicher Überlieferung ruhende Kriegsflotten, die, erstarrt in der Form und nicht mehr entwickelungsfähig, die Herrschaft der See sich nicht bewahren konnten. Mehr als ein Jahrhundert sollte noch vergehen, bis das, was wir rückschauend heute erkennen, offenbar wurde und bis aus den im Norden zur Schaffung einer Segelkriegsflotte schon bestehenden Keimen lebensfähige Gebilde entstehen konnten.

Zunächst aber gab das Zeitalter der Entdeckungen den Seestaaten der pyrenäischen Halbinsel einen Vorsprung vor dem Norden und wenn auch der Handel der Niederländer, denen die Engländer bald folgten, der Masse und dem Wert nach zunächst für das alte Europa noch der wichtige blieb, so waren Spanier und Portugiesen doch die führenden Staaten auf den neuen Handelswegen, die bald die Welt umspannen sollten.

Der Entdeckung von Amerika folgte der Aufbau des spanischen Kolonialreiches jenseits des Ozeans, der Auffindung des Seeweges nach Ostindien die Entstehung des portugiesischen Handelsreiches dort, und als beide Staaten den Entdeckungsweg um die Erde fortsetzten, teilte der Papst die Welt unter sie. Verschieden wie ihre Wege über den Ozean waren auch die Mittel, die beide Staaten anwandten, sowie die Art und Weise, in der sie das Gewonnene ausnutzten. Spanien eroberte mit Mitteln des Landkrieges weite Gebiete jenseits der See und suchte sie für das Mutterland auszunutzen. Portugal lenkte den bisher von den Venetianern über das Mittelmeer geleiteten ostindischen Handel in andere Wege, indem es den Arabern in heißem Kampfe die Seeherrschaft im Indischen Ozean entriß und an seinen Küsten Handelsfaktoreien gründete. So kam es, daß Spanien, dem auf den bisher noch unangefochtenen Wege über den Atlantischen Ozean die Einkünfte aus den Gold- und Silberminen seiner Kolonien zuflossen, zunächst einer Kriegs- flotte nicht zu bedürfen schien, während die Portugiesen, Ent- decker, Handelsleute und kriegerische Seefahrer zugleich, die ersten waren, die eine Segelkriegsflotte sich schufen, wenn diese auch daneben den Zwecken ihres Handels diente. Weiter gingen aber beide Staaten nicht. Der eigentliche spanische Seehandel blieb unter engherziger staatlicher Überwachung und bei Ausnutzung der neu erworbenen überseeischen Gebiete in monopolistischem Sinne gering. Und obgleich aus Lissabon, dem früheren Um- schlagsplatz zwischen Nord und Süd, ein Stapelplatz für den ostindischen Handel wurde, der das Mittelmeer allmählich ver- öden ließ, so stand doch der Nutzen, der dem portugiesischen Handel hieraus erwuchs, zurück hinter dem, was man hätte er- warten können. Der Gewinn floß bald mehr in die Taschen der Niederländer, die den Weitervertrieb übernahmen und als Erben der schnell sinkenden Hansa den Handel Europas bald immer mehr an sich rissen. Die portugiesischen Handelswege waren für sie die Zubringer, wie es für Venedig der arabische Handel im indischen Ozean gewesen war.

Wie wirkte nun diese neue Ordnung der Dinge auf die Seefahrt im ganzen? Die zunächst wenig zahlreichen Fahrten nach fernen Ländern konnten, so gewinnbringend sie waren, doch das Schwergewicht des Handels nicht von Europa fortverlegen, aber die die Erfindung des Kompasses jetzt erst voll ausnutzende Ozeanfahrt wirkte erziehlich, sie förderte neben dem Abenteurer- tum den Unternehmungsgeist und den Wagemut, sie gab dem Schiffbau neue Impulse. Die Schiffe, die sich frei machen mußten von der Küste, wuchsen und die Entsendung in ferne Gegenden zwang sie noch mehr als früher, sich selbst zu schützen. Die neu entstehende transozeanische Handelsflotte be-

waffnete sich), denn eine Kriegsflotte, die sie auf diesen neuen
Wegen hätte schützen können, bestand noch nicht. Im Mittel=
meer aber war die Seekriegsrüstung wie die Seekriegsführung
dieselbe geblieben. Sie war ein Instrument des Landkrieges.
Dies prägte sich besonders aus in den Bestrebungen der Os=
manen, die die Küsten des Mittelmeers immer weiter umfaßten.
Ihre Galeerenflotte, hinter der eine Handelsflotte überhaupt
nicht stand, sollte die Brücke schlagen zur Landeroberung, wie
die spanisch=venetianische Seekriegführung dort sich nur die Auf=
gabe stellte, türkischen Eroberungsgelüsten eine Barriere vor=
zulegen. Karls V. Zug gegen Tunis im Jahre 1535 wie die
1571 geschlagene Schlacht von Lepanto waren solche Kriegs=
unternehmungen. Sie zeigen, wie Spanien durch die Osmanen=
gefahr im Mittelmeer festgehalten wurde, auch die Behauptung
seiner italienischen Besitzungen wirkte hierzu mit, allmählich aber
kam es doch dazu, seiner Doppelstellung Rechnung zu tragen.
Während es im Mittelmeer an der Ruderflotte festhielt, entstehen
auf dem Ozean neben den armierten Kauffahrern als Segel=
kriegsschiffe die Galeonen, Fahrzeuge mit hochansteigenden
Aufbauten im Bug und Heck, mit Geschützen kleineren Kalibers
armiert und hiernach wie nach Bauart und Besetzung weniger
zum Artilleriegefecht bestimmt wie zum Entern im Nahkampf.
Sie wurden zunächst von den Handelsgesellschaften gestellt zum
Schutz der großen Handelskarawanen, die jährlich zwischen Amerika
und Spanien hin und her gingen, der Staat hatte über sie keine
freie Verfügung. Erst als Spanien unter Philipp II. in den
Holländern und Engländern neue Gegner zur See erwuchsen,
ging es an den Bau einer neuartigen Kriegsflotte heran. Ihren
Kern bildeten dann die früher erwähnten portugiesischen Schiffe,
nachdem Portugal im Jahre 1581 zu einer spanischen Provinz
geworden und somit hineingezogen war in die Geschicke, die
diesem Lande als Seestaat bereitet wurden.

In ähnlicher Doppelstellung wie Spanien befand sich durch
seine geographische Lage an zwei Meeren der französische Staat.
Sein Seehandel war noch gering, aber sein mächtiges Empor=
wachsen unter den Staaten Europas machte ihn zu einem ent=
scheidenden Faktor in der Gesamtpolitik und in Franz I. war
der spanischen Weltmacht der erste große Gegner erstanden.
Rechne ich die Angriffe französischer Flibustier auf den spanischen
Handel in Westindien ab, so ist es auch hier wieder die Mischung

von Landkrieg und Seekrieg, die die französischen Seestreitkräfte in Anspruch nahm und Galeerenflotten im Mittelmeer, an den atlantischen Küsten Frankreichs Ruder= und improvisierte Segel=kriegsschiffe gemischt in Aktion treten ließ. Handelte es sich doch in diesen Kriegen zumeist um Gebiete, die an die See grenzten, um Neapel, Mailand und Nizza im Süden, um Flan=dern und Burgund an den Küsten der Nordsee.

Als letzte in der Reihe der Staaten, die im 16. Jahr=hundert sich der See zuwandten, nenne ich Holland und Eng=land. Ich nenne sie zusammen, weil dies der Rolle entspricht, die sie in dieser Entscheidungszeit als gemeinsame Gegner Spaniens spielten. Zunächst aber müssen sie getrennt betrachtet werden.

Die niederländischen Städte hatten von jeher zu den Hansen in nahen Beziehungen gestanden, teils als ihre Verbündeten und als Zwischenglied auf den südwärts gerichteten Handelswegen ihnen schwer entbehrlich, bald als ihre Konkurrenten und schließ=lich als ihre Feinde in blutigen Kämpfen. So war dort ein leistungsfähiger Handel gestützt von einer kräftigen Flotte ent=standen, wohl gerüstet das Erbe der sinkenden Hanse anzutreten. Mit Unterstützung der Ostseestaaten, die sich dadurch dem Über=gewicht der Hanse entziehen wollten, griffen die Niederländer dann auch immer mehr in deren östliche Handelsgebiete über. Einen weiteren Aufschwung nahmen die Niederlande, als sie, zu habsburgischem Hausbesitz geworden, unter der Herrschaft Karls V. eine weitere Mehrung ihrer Privilegien erfuhren, eine Bevorzugung, die selbst darunter nicht zu leiden hatte, daß gegen den Willen des Kaisers der neue Glaube sich immer stärker ausbreitete. Allerdings flossen aus den Niederlanden auch die Haupteinnahmen, deren der Kaiser zur Führung seiner vielen Kriege so sehr bedurfte. Sie betrugen zu Zeiten das vielfache von dem, was Karl aus den vielgerühmten Gold= und Silberminen Amerikas bezog. Nicht so nachsichtig in Glaubens=sachen und jeder freiheitlichen Regung abgeneigt erwies sich Karls Nachfolger Philipp II. von Spanien. Als aber die daraus entstehenden Zwistigkeiten 1566 zum Protest der Geusen führten und so die Freiheitskämpfe der Niederlande einleiteten, da gab die unter günstigen Verhältnissen entstandene Macht des Handels und die Kraft der ihn tragenden wehrhaften Flotte ihnen auch die Mittel zum Widerstande. Eine bewaffnete

Segel-Handelsflotte also war es, die den Kampf mit Spanien aufnahm und damit dem Seekriege neue Bahnen wies.

Einen anderen Weg, wenn auch mit demselben Ende war der andere Gegner Spaniens, England, gegangen und andere Möglichkeiten eröffneten sich dem Inselreiche, das, jemehr es der inneren Einigung zustrebte, sich der Vorteile immer klarer bewußt wurde die ihm seine geographische Lage für Seehandel und Seebeherrschung gab.

Zu der Zeit, da in den Niederlanden der Seehandel schon zu hoher Blüte gelangt war, galt es in England, zunächst Ordnung zu schaffen nach den langen Kriegswirren, die das Land verwüstet und das Volk in wilden Parteihader gestürzt hatten. Heinrich VII., der erste Tudor, war hierzu der rechte Mann. „Er beschnitt seinem Volke die Flügel, um es an Gehorsam zu gewöhnen, dann freute er sich, wenn sie ihm wieder wuchsen Fast seine vornehmste Tätigkeit war darauf gerichtet, jede Einwirkung von außen von seinem geordneten Reiche abzuwenden." [1]) Bezeichnend für die Lage sind auch die Mittel, die er zu dieser Konsolidierungsarbeit anwendete. Um yorkistische Verschwörungen fern zu halten, die in Burgund und Flandern ihren Ausgangspunkt hatten, veranlaßte er die in England Handelsvorrechte genießenden Hansen, die Handelssperre über diese Gebiete zu verhängen. Vorschauend sorgte er aber auch für den sich langsam entwickelnden eigenen Handel des Landes und für Mittel zu seinem Schutz. Ein Handelsvertrag mit den spanischen Niederlanden vom Jahre 1506 wurde von den Flamändern intercursus malus genannt, er muß für England also wohl günstig gewesen sein. Durch Subventionen für den Bau starker Kauffahrer, die im Kriegsfalle für den Staat benutzt werden konnten, legte er den Grund für spätere Flottenorganisationen. So konnte Heinrich VIII. nicht nur mit Mitteln der Diplomatie, wie es sein Vater getan hatte, sondern gestützt auf das von ihm Geschaffene schon tätig eingreifend Englands Stellung unter den Großmächten neu befestigen. Er tat es von der verhältnismäßig sicheren Inselbasis aus durch geschickte Benutzung des großen Streites zwischen Spanien und Frankreich, nicht immer zum Kriege drängend aber für ihn gerüstet und zugreifend, wo die

---

[1]) Ranke, Englische Geschichte.

Gelegenheit günstig war. Er schuf eine Flotte, die, dem damals im Kriegswesen maßgebenden spanischen Einfluß folgend, teilweise aus Galeeren bestand, aber doch insofern eine Übergangsflotte genannt zu werden verdient, als sie in der Wahl des Schiffstyps hinüberleitete zum artilleristisch armierten Breitseit-Segelschiff. Dieses neue Modell — ich habe es als den Handel schützende Galeone schon bei Spanien erwähnt — soll aus dem Mittelmeer stammen und wurde damals fast gleichzeitig von allen westlichen seefahrenden Nationen angenommen. Heinrich VIII. scheint es aber zuerst in diese Form gebracht und als Hauptschiff seiner stehenden Flotte eingefügt zu haben, die andere Staaten damals noch nicht besaßen.

Diese Flotte bewährte sich, als 1545 eine französische Invasion abgewiesen werden mußte. Ihre Zusammensetzung war so, wie sie bis in die Mitte des 17. Jahrhunderts hinein üblich blieb. Den Kern bildeten dem König gehörende Schiffe, die, für den Krieg armiert, im Frieden für seine Rechnung Handel trieben, der Zahl nach aber überwogen in ihr die Augmentationsschiffe der Handelsflotte.

Die Stärke der Flotte sank unter Heinrichs Nachfolgern. Teile von ihr wurden zur Zeit der Königin Maria, der Gattin Philipp II. von Spanien, in einem Kriege gegen Frankreich verwandt, der mehr spanischen als englischen Interessen diente und England Calais kostete, die letzte Besitzung auf dem Kontinent.

Als Elisabeth im Jahre 1558 den englischen Thron bestieg, waren nur noch Reste einer staatlichen Seekriegsrüstung vorhanden und erst als die spanische Gefahr gar zu drohend wurde, hat man ihr den Entschluß zum Kriege und zur Vorbereitung dazu abgerungen. Die Zeit um die Mitte des Jahrhunderts hatte aber für Englands Stellung zur See allmählich einen Umschwung vorbereitet. Der englische Handel begann sich immer freier zu entwickeln, wo er aber hinkam, da stieß er auf Hindernisse. In den europäischen Gewässern bereitete ihm neben der Hanse die holländische Konkurrenz Schwierigkeiten, und wo er dann, den Wegen der Entdeckungen, folgend sich auf den Ozean hinauswagte, traf er auf die Handelsbarrieren, mit denen Spaniens und Portugals Monopole die Welt verschlossen. Denn Spanien wollte die früheren Verträge, die englischen Schiffen Handelsvorrechte in burgundischen Häfen zugewiesen hatten, auf die neuerworbenen Kolonialgebiete des burgundisch-habsburgischen Hauses nicht ausdehnen. So mußte „der wagende Kaufmann" sich selbst den Weg frei machen und seine Mittel dazu waren der Schmuggel, der bewaffnete Einbruch in fremde Handelsgebiete, Seeraub und Plünderung. Es herrschte daher, unterstützt von den damaligen Anschauungen über das Seerecht, die manches zuließ, was heute verboten ist, durch lange Jahre hindurch ein Mittelzustand zwischen Krieg und Frieden, der den englischen Wohlstand auf Spaniens Kosten förderte und aus der bewaffneten Handelsflotte ein Kriegsinstrument schuf, der aber auch neue Formen des Seekrieges vorbereitete. Der Seekrieg neigte sich mehr nach der Seite des Handelskrieges hin, denn was auf der See an Werten schwamm, wurde auch für die großen Staaten immer mehr einen Krieg wert. Holland lebte ganz von der See, für England bekam der Seehandel immer größere Wichtigkeit und Spanien war nicht nur der Hauptweg zur Rückeroberung der aufständischen Provinzen verschlossen, solange die Flotten der Holländer die See beherrschten, es konnte auch die finanziellen Lasten seiner Kriegspolitik nicht tragen, wenn ihm seine Feinde die Silberschiffe aus Peru abfingen. Denn immer weiter hatte der Krieg und die verkehrte Handelspolitik die Finanzen der spanischen Länder ruiniert und Philipp II., dem die reichen Zuschüsse fehlten, die sein Vater aus den Niederlanden bezogen hatte, war immer mehr auf den Zufluß von Edelmetall aus den Kolonien angewiesen. Diese Einkünfte waren zwar gegen die frühere Zeit infolge rationellerer Bewirtschaftung der Minen enorm gestiegen, „nur war die Geldwirtschaft des Königs, ja selbst des Landes, so beschaffen, daß das Geld verbraucht war, ehe es ankam."[1])

Elisabeth von England hatte dieser Entwickelung der Dinge zugesehen, mit diplomatischem Geschick dem Ausbruch eines wirklichen Krieges steuernd, der auch der Kaufmannschaft nicht erwünscht gewesen wäre. Für sie war die Flotte kein Kampfinstrument, wie sie es für ihren kriegerischen Vater gewesen war, sie wandte ihr nur so weit ihr Interesse zu, wie sie sich bezahlt machte.[2]) An den Beutezügen der Drake, Forbisher

---

[1]) Ranke, Fürsten und Völker in Südeuropa im 16. u. 17. Jahrhundert.
[2]) Näheres in Corbett, Drake and the Tudor Navy.

und anderer, die Englands Namen gefürchtet machten auf der See, nahmen auch fast immer einige der Queens ships teil und die Königin partizipierte an ihren Erträgen, die nach Maßgabe der Teilhaberschaft verteilt wurden.

So waren den Holländern auf der See Verbündete erstanden, lange ehe der Krieg zwischen England und Spanien ausbrach, der mit der Besiegung der Armada seinen vorläufigen Abschluß fand, und die gemeinsame Feindschaft gegen Spanien hielt noch die Handelseifersucht zwischen beiden nieder. Mit gleichen Waffen fochten beide und auf gleichen Wegen, als aber Philipp II. im Jahre 1580 Portugal seinem Reiche einverleibte und damit Hollands gewinnbringenden Zwischenhandel von Lissabon aus lahmlegte, da ging auch der Handel nach Indien bald in die Hände seiner seemächtigen Gegner über und was die aufständischen Provinzen schädigen sollte, wurde zu einer weiteren Stufe ihrer Handelsgröße.

Den Abschluß dieser Zeit bildet das Jahr 1588, da nach langen Vorbereitungen die Armada auszog, um gegen den englischen Handels- und Kolonialkrieg Spaniens militärische Überlegenheit zur Geltung zu bringen. War doch der Feind schon dazu übergegangen, den Seeweg zu Angriffen auf spanische Häfen und Küsten zu benutzen. Jetzt sollte eine mächtige Flotte dem von den spanischen Niederlanden überzusetzenden Heer den Weg über den Kanal frei machen. Zwei verschiedene Kampfprinzipien, die Repräsentanten alter und neuer Seekriegführung, trafen hier aufeinander. Zwar hatten die Spanier sich im Laufe der Jahre auch eine staatliche Segelkriegsflotte geschaffen, sie hatten aber auf sie das Prinzip der Galeerenschlachten, den Enterkampf, übertragen. Danach waren ihre Schiffe gebaut, bemannt und armiert. Die Engländer hingegen waren, soweit die Unfertigkeit der Waffe dies zuließ, bestrebt, der Artillerie die Entscheidung zu übertragen. In kurzen Linien hintereinander führten sie ihre Schiffe an den Feind und ließen sie ihre Breitseiten abgeben, ohne sich auf die Gefahr des Kampfes Mann gegen Mann einzulassen, in dem die stark besetzten spanischen Schiffe, die wie hohe Burgen im Wasser schwammen, ihnen überlegen gewesen wären. Ihre gute seemännische Schulung und die Beweglichkeit ihrer Schiffe gestattete ihnen, dieses Manöver durchzuführen und beliebig zu wiederholen.

Dieser Krieg ist dann weiter auch interessant durch die

verschiedene Weise, in der die beiden Staaten sich ihrer Seerüstung bedienten. Die spanische Flotte hatte den Auftrag, sich auf keinen Kampf einzulassen, ehe nicht an der niederländischen Küste die Verbindung mit der Invasionsarmee hergestellt sei, und doch muß es die erste Aufgabe in solchem Kriegsfalle sein, die feindliche Flotte von der See zu vertreiben. Wohl kann man bezweifeln, ob dies den Spaniern bei der oben beschriebenen Verschiedenheit der Kampfmittel möglich gewesen wäre, aber daß auch der Versuch dazu unterblieb, war ein strategischer Fehler, der dem Gegner von vornherein Vorteil brachte. Es zeugt dagegen von richtiger Auffassung bei den englischen Admiralen, wenn sie der Königin vorschlugen, die Armada gar nicht erst auf die See hinauszulassen, sondern ihr entgegenzugehen und mit ihr um die Seeherrschaft zu kämpfen. Sie wiesen dabei darauf hin, daß solche Offensive mit der feindlichen Flotte als Angriffsobjekt auch die beste Unterlage für den Handelskrieg sei, in der Handelsangriff und Handelsschutz sich vereinten. Aber sie drangen mit ihrer Ansicht nicht durch. Als dann die Schlacht geschlagen war, sagten sie, nur die Queens ships, d. h. die auf Breitseitartillerie basierten Kriegsschiffe hätten die Entscheidung gebracht, die Auxiliarflotte sei nur ein Schreckgespenst gewesen durch Vermehrung der Zahl. So bereitet sich hier schon nach strategischem Zweck wie taktischer Durchführung die Loslösung der Kriegsflotte von der Handelsflotte vor, aus der sie eben erst entstanden war. Aber geschichtliche Entwickelungen richten sich nicht nach den der Allgemeinheit vorauseilenden Ansichten einzelner, sondern sie brauchen Zeit, um sich durchzusetzen. Konnte doch selbst die Königin sich zur vollen Unterstützung der Flotte als einer rein militärischen Einrichtung nicht aufschwingen und hatte es auch in dieser entscheidenden Zeit an Fürsorge für sie fehlen lassen. Die größten Verluste an Menschenleben sind in den Armada-Tagen nicht durch die Kämpfe mit den Spaniern entstanden, sondern durch die auf den Geiz der Königin geschobene schlechte Verproviantierung und Ausrüstung ihrer Schiffe, die auch die volle Ausnutzung des Erfolges verhindert hat. Und als die Entscheidung gefallen war, fragte Elisabeth nicht nach dem militärischen Erfolge, sondern nach der Beute und ob Gefangene gemacht seien, von denen man Lösegeld erwarten könne. Vielleicht sprach aber bei ihr nicht allein der Geiz mit, eine Flotte, die Geld einbrachte, bewahrte sie auch vor der Notwendigkeit, an das Parlament mit Ersuchen um Geld heranzutreten, und ihre Beliebtheit sowohl wie die Unabhängigkeit ihrer Stellung im Lande verdankte sie nicht zum wenigsten den Einnahmequellen, über die sie niemand Rechenschaft schuldete. In gewissem Sinne erscheint mir solche Auffassung vom Wert einer Flotte aber ganz im Einklange zu stehen mit der uns bekannten Entstehungsgeschichte der damaligen englischen Marine, denn diese war ihrer Organisation nach mehr ein Instrument des Gelderwerbs und der Plünderung als des Krieges.

Schauen wir zurück, so sehen wir aber doch der Fortschritte genug. Der Seekrieg hatte im 16. Jahrhundert seinen räumlichen Bereich erweitert, er hatte seine Formen ausgestaltet und den Schiffstyp erneut. Das Resultat der Erneuerung war, schiffbaulich betrachtet, ein Mittelding aus dem früheren langen und schmalen Kriegsschiff und dem breiten kurzen, Lasten tragenden Frachtschiff. Militärisch ausgedrückt sollte aus der nur für Küstenschiffahrt und Nahschlachten im Enterkampf geeigneten Galeere das Hochsee-Breitseitschiff für den in freieren Bahnen sich bewegenden Artilleriekampf entstehen, aber erst das nächste Jahrhundert konnte vollenden, was hier begonnen war. Jedenfalls aber hatte die räumliche Erweiterung des Kriegsgebietes es den alten Galeeren-Flotten unmöglich gemacht, zu folgen und schon kann man übersehen, welchen Gang die Entwickelung einschlagen würde. Das vorläufige Resultat war eine Typenmischung aus Kriegs- und Handelsschiff, eine organisatorische Mischung aus Handelsflotte und Kriegsflotte und schließlich eine Mischung zwischen dem Handelskrieg und dem Kampf der Kriegsflotten und wenn wir dieses für den Seekrieg gewonnene Resultat einzufügen versuchen in das historische Gesamtbild, so paßt es wohl hinein in diese Zeit der wilden Gärung und der Neugestaltung aller Dinge.

Sieht man aber den Krieg als Mittel der Politik an, so entsteht die Frage: Wie nützte die Politik das neue Mittel, das ihr der Seekrieg bot? Neue Handelswege verbanden Völker, die durch weite Räume voneinander getrennt waren, und die Flotten, die diese Wege befuhren, waren, wenn auch noch in unfertiger Form, zugleich Repräsentanten der Macht ihrer Staaten. Dies öffnete auch der überseeischen Bündnispolitik neue Wege. Man kann Elisabeths Versuch, den portugiesischen Thronprätendenten mit Gewalt wieder in sein Land einzuführen, als ein Kriegsmittel gegen Spanien ansehen, liegen aber darin nicht schon die Anfänge der heutigen englisch-portugiesischen Bündnispolitik? Dieser Versuch führt dann weiter zu einem Bündnis mit Venedig, das Spanien im Mittelmeer Schwierigkeiten bereiten soll. Englands Mittelmeer-Politik ist später, gestützt auf eigene Seekriegsmittel, ähnliche Wege gewandelt. Zu demselben Zweck begann es aber bereits unter Elisabeth Fühlung zu nehmen mit einem anderen Mittelmeerstaat, mit den Osmanen, „und es ist bemerkenswert, daß es von Anfang an das ostindische Interesse war, welches diese Mächte einander näherte." [1] Die Verbindung mit Indien, die hier, alten Handelswegen nachgehend, nach Osten hin wieder angeknüpft wurde, hatte Drakes Weltumsegelung auf westlich gerichteten Seewegen vorbereitet, bald folgte der englische Handel dem niederländischen dorthin und im Jahre 1604 erhielt die englische ostindische Kompagnie vom Großmogul das Recht, Befestigungen anzulegen, weil man sie als Verbündete gegen Spanien und Portugal ansah. „Wie unendlich bedeutend zeigte sich doch für England das Verhältnis zur spanischen Monarchie, mit der es einst verbunden gewesen, deren Anfälle es dann bestanden hatte und der es nun auf allen Punkten entgegentrat! Eben im Gegensatz und Wetteifer mit ihr gelangte das große Eiland des Westens in Beziehungen zu allen Punkten der Erde, welche seiner geographischen Lage entsprachen." [1]

Die neueste Forschung [2] hat Elisabeth, was die Vorbereitung und Durchführung des entscheidenden Seekrieges anbetrifft, eines Teils ihres Ruhmes als Seekönigin entkleidet und ich habe an einigen Stellen hierauf kurz hingewiesen. Im Sinne meiner Einleitung kann ich diesen Teil unserer Betrachtungen aber nicht besser schließen als mit den Worten unseres großen Historikers Ranke: „Ihr Großvater hatte die politische, ihr Vater die kirchliche Emanzipation von den beherrschenden Einflüssen des Kontinents begonnen, deren Werk nahm Elisabeth wieder auf und führte es gegen Rom und gegen Spanien siegreich durch unter steigender Teilnahme ihres Volkes, das dabei in ein neues Stadium seiner Entwickelung trat." So darf man wohl den

---

[1] Ranke, Englische Geschichte.
[2] Corbett, Drake and the Tudor Navy.

Seekrieg, der in den Armada-Kämpfen seine Entscheidung fand, einen Höhepunkt im Völkerleben nennen und, über die englischen Verhältnisse hinausgreifend, das hinzusetzen, was Ranke über Elisabeths Stellung in der Geschichte sagt: „Das Größte, was dem Menschen begegnen kann, ist es wohl, in der eigenen Sache die allgemeine zu verteidigen. Dann erweitert sich das persönliche Dasein zu einem welthistorischen Moment."

Das Jahr 1588, in dem die spanische Armada besiegt wurde, ist nicht nur ein Wendepunkt in der Geschichte des Seekrieges, sondern auch in der Geschichte der Seevölker. Mit ihm beginnt Spaniens Macht zu sinken, die spanisch-portugiesische Periode der Seebeherrschung wird durch die holländisch-englische abgelöst. Noch einte die gemeinsame Gegnerschaft gegen Spanien die beiden Rivalen, noch war Hollands Handel dem englischen weit voraus und wenn auch nach der Ansicht englischer Admirale die eigentlichen Kriegsschiffe den Ausschlag in den Armada-Kämpfen gegeben hatten, so ruhte doch die Kraft der damaligen Seevölker immer noch auf ihren kriegsmäßig gerüsteten Handelsflotten.

Welche allgemeine Sache war es nun, die Elisabeth von England in der eigenen verteidigte? Was hat ihr in dem Andenken ihres Volkes den Namen der Seekönigin verschafft? Die Beantwortung beider Fragen kann man zusammenfassen in den Satz: das Streben des englischen Volkes nach Betätigung auf der See berührte sich in vielen Punkten mit den Interessen der Königin und mit den Zielen ihrer Regierung, der spanische Krieg war dann der natürliche Ausdruck dieser Gemeinsamkeit. Der Königin war es gelungen, England durch lange Jahre den Frieden nach außen hin zu bewahren und schnell blühte das Land auf. Die Manufakturen hoben sich und der Handel nahm einen stetigen Aufschwung. Englands Tuche konkurrierten schon überall mit den Flandrischen, für die es früher nur die Wolle geliefert hatte, und wenn auch im Handel die holländische Vermittelung noch nicht abgeschüttelt werden konnte, so trat doch der Hanse gegenüber ein Umschwung ein. Unter Heinrich VII. noch hatte man sich ihrer Hilfe zu politischen Zwecken bedient, jetzt schloß Elisabeth die hansische Niederlassung in London, als man der Ansiedelung englischer Kaufleute in Hamburg Schwierigkeiten bereitete. So wuchs mit dem inneren Wohlstand das Bestreben nach äußerer Betätigung, auf allen Gebieten aber trat die machtvolle Persönlichkeit der Königin in den Vordergrund. Unter ihrer Mithilfe hatte der Handel die aggressive Tendenz angenommen, die ihn schon im Frieden zu einer Kriegswaffe umschuf und alle Stände waren an ihm beteiligt. Den Kaufmannsgilden, die ihre Schiffe denen der Königin zugesellten, überließ man die Besetzung einer der Admiralstellen und die Teilnahme der alten Adelsgeschlechter an diesen Seebeutezügen mehrte nicht nur ihren Besitz, sie hob auch ihr Interesse an den handelspolitischen Bestrebungen der Regierung und gab dem kriegerischen Einschlag in dem neuen sozialen Gewebe festere Gestalt. Die Hineinziehung antirömischer Tendenzen in den Kampf mit Spanien und in den Streit mit Maria Stuart, die jesuitischen Mordanschläge gegen die Königin, alles wirkte zusammen, um die Gemüter immer breiterer Schichten des Volkes teilnehmen zu lassen an den großen politischen Ereignissen, in deren Mittelpunkt die Königin stand, und um in der Verteidigung ihrer Person die Verteidigung der politischen und der Glaubensfreiheit des Landes zu sehen. So war dem ganzen nationalen Denken eine neue Richtung gegeben worden, bedeutende Männer hatten die Ziele gesteckt, nach denen man kommerziell, politisch wie militärisch streben müsse, um Englands Stellung in der Welt zu sichern und wenn wir heute erkennen, daß alle Politik der Staaten mehr oder weniger Wirtschaftspolitik geworden, so brauchen wir nur auf das damalige England zu schauen, um ein Vorbild zu haben.

Es war natürlich, daß Elisabeths Nachfolger aus dem Hause Stuart, der erste englische Herrscher, der die drei Inselreiche in seiner Hand vereinte, auf dieser Basis weiterbaute. In den Verhandlungen, die Jakob I. anknüpfte, um zu einem Frieden mit Spanien zu kommen, wurde schon der Grundsatz aufgestellt, England könne, da es durch seine insulare Lage auf den Welthandel angewiesen sei, den Verkehr mit Ost- und Westindien nicht entbehren, den Spanien für sich in Anspruch nahm. Es stehe schon mit Ländern in Verbindung, wo nie ein Spanier gewesen sei, man dürfe den englischen Kaufmann aus Amerika und Ostindien nicht wieder vertreiben. Vieles drängte sich später zwischen das englische Volk und die Könige aus dem

Hause Stuart, an diesen Grundlagen englischer Welthandels=
politik haben auch sie festgehalten.

So sehen wir an der Schwelle des neuen Jahrhunderts
für einen der großen europäischen Staaten die Seeinteressen des
Landes maßgebend werden für die äußere Politik. Damit im
Zusammenhange wurde die englische Kriegsflotte zu einer natio=
nalen Institution, zu deren Dienst sich die Söhne aus den besten
Familien drängten; wie sich ein englischer Schriftsteller aus=
drückt: die Marine wurde fashionable, zunächst allerdings nicht
zu ihrem Nutzen.

Ebenso günstig zu den Verkehrswegen des Ozeans gelegen
und unterstützt durch die Handelsbeziehungen zu dem Inselreich,
bis Englands militärische Macht einen Wechsel brachte, ent=
wickelte sich Holland zu immer größerer Stärke auf der See.
Noch fehlte ihm die Anerkennung als Staat, aber der Sache
nach war es doch souverän in seinen Entschlüssen und entwickelte
sich während des Kampfes mit Spanien zu der vorherrschenden
Handelsmacht des 17. Jahrhunderts. Seinem aufstrebenden
englischen Rivalen gegenüber hatte es sich den Vorsprung noch
gewahrt, aber so sehr auch sein Handel, der allgemeinen Handels=
tendenz zur Ausschließung von Konkurrenten folgend, dem
Monopol zustrebte, im allgemeinen herrschten jenseits des Kanals
doch mehr defensive Tendenzen vor. Die Holländer fochten, um
Handel treiben zu können, die Engländer waren Krieger gewesen,
ehe sie Kaufleute wurden. Diese in beiden Nationen verschiedene
Mischung von kriegerischem Geist und Kaufmannsgeist war wohl
bedingt durch Verschiedenheiten im Volkscharakter wie durch die
voneinander abweichende Entstehungsgeschichte beider Staaten,
aber in ihnen beiden findet sich doch der Typus des Seestaates
unter den westlichen Staaten von Europa zuerst fest ausgeprägt.
Bald gewöhnte man sich daran, daß die Seemächte, wie man
sie gemeinsam nannte, zu vielen großen Fragen der Politik
prinzipiell eine andere Stellung einnahmen wie die anderen Mit=
glieder der europäischen Staatengemeinschaft: Seepolitik und
Festlandspolitik begannen sich zu scheiden. Und als dann neben
dem von aktiver Teilnahme am Seeverkehr immer weiter ab=
gedrängten spanischen Staat Frankreich in die Reihe der See=
staaten einzutreten beginnt, sehen wir aus der Einmischung des
reinen Seestaates England in kontinentale Verhältnisse und der
Teilnahme der Kontinentalstaaten an überseeischer Politik den

Widerstreit entstehen, der dem neuen Jahrhundert sein politisches Gepräge gab und zugleich dem Seekriege eine immer steigende Wichtigkeit für die Allgemeinheit zuwies.

Im Jahre 1604 kam endlich ein formeller Friede zwischen England und Spanien zustande, der wohl dem augenblicklichen Ruhebedürfnis beider Staaten Rechnung trug, eine wirkliche Abgrenzung der Handels= und Besitzverhältnisse aber nicht brachte. Ein 12jähriger Waffenstillstand setzte dann auch den Feindseligkeiten zwischen Spanien und seinen aufständischen niederländischen Provinzen zunächst ein Ziel. Beide Seestaaten hatten nun die Wege frei und breiteten sich aus über die Welt. Auch den Schauplatz mittelalterlicher Seefahrt, das Mittelmeer, haben sie unter gegenseitiger Überwachung mit ihren Segelflotten den Verkehr wieder erschlossen und in Smyrna, dem Endpunkt ihres Levantehandels, knüpften sie Beziehungen an, die weit hineinführten ins Innere von Asien. Für die geschichtliche Entwickelung des Seekrieges ergeben sich interessante Anknüpfungen an die Vergangenheit, wenn man berichten hört, wie vor dem artilleriekräftigen Segelschiff die Galeerenflotten nun auch dort immer mehr in den Hintergrund gedrängt wurden. Der armierte Kauffahrer ging auch hier voran, die staatlichen Flotten folgten und die erste Flotte, die England zu kriegerisch-politischen Zwecken, wenn auch nominell als Schutz des Handels gegen die Piratengefahr im Jahre 1620 in das Mittelmeer entsandte, zeigt noch die alte Zusammensetzung: neben 6 Schiffen der Kriegsflotte mit 210 Kanonen 10 als Auxiliarschiffe verwandte Kauffahrer mit 218 Kanonen und den zweiten Admiral hatten die Kaufleute der City von London ernannt.[1]

Es führt uns dies schon hinein in die Zeit des 30jährigen Krieges. Für unser Denken trägt er, namentlich in seinem Anfang, so vollständig den Charakter eines deutschen Religionskrieges, daß die vielen Möglichkeiten, die die wechselnden Kombinationen der kriegführenden Mächte dem Seekriege eröffneten, vielfach übersehen werden. Für das Mittelmeer wurde es von Wichtigkeit, daß die Habsburgischen Staaten, Österreich und Spanien, deren Verbindungsstraße über See führte, sich zu einem Bündnis zusammenschlossen. „Die Absichten Spaniens auf Valtellina, ihre Unternehmung auf die Pfalz, die Unterstützung, die sie Ferdinand II. zur Wiedereroberung von Böhmen ge=

---

[1] Corbett, England in the Mediterranean.

währen, alles Dinge die für den Anfang des 30jährigen Krieges so entscheidend, zeigen sich hierdurch erst im rechten Licht; man konnte hoffen ein spanisches Erbland zu gründen, welches Mailand mit den Niederlanden unmittelbar verknüpfen und hierdurch den Spaniern ein vollkommenes Übergewicht in der europäischen Politik geben würde".[1]) Ich möchte dem hinzusetzen, daß diese Landbrücke Spanien im Kampfe gegen seine aufständischen niederländischen Provinzen das ersetzen konnte, was ihm die englisch-holländische Seeherrschaft genommen hatte, die seinen Truppen den Weg über den Ozean verlegte. Die Entsendung der vorher erwähnten Flotte in das Mittelmeer gehört mit in diese Kombination, es würde aber zu weit führen, wenn wir auf diese verwickelten Verhältnisse hier näher eingehen wollten. Es ist dies auch deshalb nicht erforderlich, weil die englische Seekriegführung nicht imstande war, von dort her einen entscheidenden Einfluß auszuüben. Hierzu war weder die hinterhaltige und unentschiedene Politik Jakobs I. angetan, die, durch Schwierigkeiten im Innern des Reiches behindert, zu einer entschlossenen Stellungnahme nicht kam, noch die Flottenrüstung des Staates selbst. Diese Flotte war ihrer Organisation nach noch kein frei verwendbares Instrument der Politik, ihr Einfluß litt aber auch, so lange sie in diesen von der Heimat entfernten Meeren der Stützpunkte entbehrte und, sowie der Winter kam, zurückbeordert werden mußte. Wichtiger für die Bedeutung des Seekriegs wurde der im Verlauf des Krieges aus dem spanischen Bestrebungen sich entwickelnde Gegensatz zwischen Spanien und Frankreich. Im Mittelmeer hat die französische Flotte in den daraus entstehenden Kämpfen unter Richelieus kräftiger Leitung die ersten Lorbeeren geerntet. Frankreichs direkte und indirekte Hilfe hat Hollands Selbständigkeit mit erkämpfen helfen und von den beiden rivalisierenden Seemächten des Nordens zog überhaupt Holland den größten Nutzen aus den langen Kriegen dieser Zeit. Daß diese Kriege durch Einmischung von Schweden und Dänemark in den Streit auch in der Ostsee Flottenkämpfe hervorriefen, daß dort oben, wenn auch nur kurze Zeit eine Reichsflottenstation unter Wallenstein errichtet wurde, möchte ich wenigstens erwähnen.

Wenn nun auch der Seekrieg eine ausschlaggebende Rolle in den großen Kämpfen von 1618 bis 1648 nicht spielte, so

---

[1]) Ranke, Fürsten und Völker in Südeuropa.

brachte diese Zeit doch eine allgemeine Unsicherheit auf dem Meere, die zu allseitigen Rüstungen Anlaß gab und zu Neuerungen auf dem Grenzgebiet zwischen Seehandel und Seekrieg. Die Grundlage für die Seerüstung der Staaten begann sich weiter zu verschieben. Der Kriegsschiffbau hatte sich bei den großen seefahrenden Nationen, wenn man von kleinen offenen Fahrzeugen absieht, nun ganz dem Segelschiff zugewendet und strebte nach immer größerer Verstärkung der artilleristischen Kampfkraft. Gegen Schiffe wie den 1637 gebauten englischen Dreidecker „Sovereign of the Seas" mit 104 in drei Decken verteilten Kanonen verschiedener Art konnten armierte Kauffahrer wenig ausrichten. Ihr Wert als Augmentationsschiffe der Kriegsflotte sank, man konnte sie aber auch auf der Reise nicht mehr dem Schutz der eigenen Bewaffnung überlassen, man mußte sie durch Kriegsschiffe über See begleiten lassen. Dies war zwar gelegentlich früher auch schon geschehen, aber die Einrichtung der Convois, der Begleitung der für bestimmte Reisen gesammelten Kauffahrer durch Kriegsschiffsgeschwader, ja durch ganze Flotten, stammt eigentlich doch aus dieser Zeit. Solch Schutz diente in Kriegszeiten zugleich zur Abwehr der Kaperschiffe des Feindes. Von eigentlichen Korsaren hatte der Handel auf See mit Ausnahme einiger Gegenden wohl damals schon weniger zu leiden, aber die Verleihung von Kaperbriefen, durch die ein Staat Privaten das Recht gab, aus dem Angriff auf den Handel des Gegners ein Gewerbe zu machen, zwang die Kauffahrer doch dazu, auf eigene Bewaffnung nicht ganz zu verzichten. Denn der Convoi geleitete nur durch die am meisten gefährdeten Meeresteile hindurch, Kaper waren in dieser unruhigen Zeit aber fast überall tätig. Es kam hinzu, daß die damaligen Anschauungen die Ausstellung von Kaperbriefen gegen den Handel fremder Staaten sogar im Frieden zuließen. Es fiel dies mit unter den Begriff der Repressalien, die ausgeübt wurden, wo man sich geschädigt glaubte, auf diplomatische Vorstellungen aber kein Gehör fand. So hörte die Bewaffnung der Handelsschiffe, die ja im Interesse ihrer Ladefähigkeit auch gar nicht erwünscht war, zwar nicht auf, aber sie nahm ab. In demselben Maße wie das Frachtschiff so seiner eigentlichen Bestimmung zurückgegeben wurde, sank sein Wert als Aushilfe im Kriege, den Aufgaben der Kriegsflotte aber wurde eine neue hinzugefügt: der Schutz des Handels.

Wir, die wir heute größere Zeitabschnitte rückschauend überblicken, erkennen, wie sich hier eine Loslösung der Handelsflotte von der Kriegsflotte vollzog, es wäre aber falsch, hierin ein klar erkennbares System zu sehen oder gar einen bestimmten Termin dafür angeben zu wollen. Solche Übergänge vollziehen sich eben allmählich, sie werden vielfach unterbrochen oder zeigen auch rückläufige Perioden, wie die Änderung der äußeren Umstände, der Einfluß einzelner Persönlichkeiten und nicht zum wenigsten der bloße Zufall es mit sich bringen. Trotzdem handeln wir Nachlebenden nicht falsch, wenn wir dem historisch Gewordenen, um es zu verstehen, solch nachträglich gebautes Gerüst unterschieben.

Ein Stillstand war auch in dem Ausbau der eigentlichen Kriegsflotte insofern eingetreten, als die Anläufe zu einer folgerichtigen Entwickelung von Schiffstyp und Taktik, wie wir sie in den Armada-Kämpfen kennen gelernt haben, keinen Bestand gehabt hatten. Allgemein üblich als taktische Maßregel blieb allerdings die Einteilung der Flotten in drei Geschwader, die die Aufgabe erhielten, sich gegenseitig zu unterstützen, aber über die Form des Kampfes und über den Typ des Kampfschiffs kam man zu keinen bestimmten Ansichten. Von den großen Schiffen anfangend, die wie der „Sovereign of the Seas" ihre Artillerie in mehreren übereinanderliegenden Batterien führten, entstand eine Musterkarte von Kampfschiffen in verschiedenen Abstufungen und die Brander gehörten zu dem festen Bestande der Flotten. Erst um die Mitte des Jahrhunderts, da im westfälischen Frieden die Besitzverhältnisse auf dem Kontinent neu geordnet wurden, brach dann auch für die See die Entscheidungszeit an. In drei in wechselndem Bundesverhältnis ausgefochtenen Kriegen rang England den holländischen Rivalen nieder und gewann dann Frankreich, dem neuen Mitbewerber, den Vorrang ab. Auch der Seekrieg selbst wurde hierbei in ganz bestimmte Bahnen gelenkt und erreichte einen Höhepunkt der strategisch-taktischen Entwickelung, wie ihn erst die Nelsonsche Periode der Napoleonischen Kriege wieder zeigt. Zur Schilderung dieser Zeit gehe ich jetzt über.

Holland hatte im Bunde mit England gegen die spanischen Handelsmonopole angekämpft, es hatte in den langen Kriegszeiten aus spanisch-portugiesischem Besitz ein mächtiges Kolonialreich sich gegründet, eine feste nationale Handelspolitik hatte

schon im Anfang des 17. Jahrhunderts fast die ganze Fracht=
schiffahrt von Europa in seine Hand gebracht und von Amster=
dam aus wurden die Finanzen und der Handel der damaligen
Welt beeinflußt. Die holländische Auffassung von der Freiheit
des Meeres hatte seiner Zeit Hugo Grotius in einer mehr poli=
tischen als juristischen Tendenzschrift unter dem Titel Mare
liberum, sive de jure quod Batavis competit ad Indicana
commerica dargelegt, als es sich darum handelte, Holland Zu=
gang zu verschaffen zu den unter päpstlicher Autorität den
Spaniern und Portugiesen zugewiesenen Handelsgebieten. Als
dann diese „Freiheit des Meeres" sich umzugestalten drohte zu
einer fast vollständigen Monopolisierung der See durch Holland,
das sich für berechtigt hielt, den Seehandel für alle anderen
Völker mit zu besorgen, da war ihr schon Karl I. von England
entgegengetreten. Seiner Drohung, durch die vernehmlichere
Sprache einer starken Kriegsflotte die Verhandlungen zu unter=
stützen, wo die Geduld erschöpft sei und kein anderes Mittel
bliebe, sein Recht zu wahren, hatte er durch Ausbau und
Organisation der Flotte Nachdruck verliehen, aber die inneren
Wirren und der Kampf mit dem Parlament, die ihm Thron
und Leben kosteten, hatten es zu nachdrücklicher Vertretung der
Ansprüche England nach außen nicht kommen lassen. Da ver=
einte die aus der Militärdiktatur hervorgegangene Republik alle
Kraft des Landes in einer Hand und der Protektor Cromwell
machte sich nur zum Vollstrecker des Volkswillens, als er im
Jahre 1651 durch Erlaß der Navigationsakte die Absage an
Holland ergehen ließ. Mit veranlaßt wurde sie — von allen
Akten, die im Parlament durchgegangen sind, wie Ranke meint,
vielleicht die, die die umfassendsten Folgen für England und die
Welt herbeigeführt hat — durch die politischen Gegensätze
zwischen dem Mutterlande und den Anhängern der Stuarts in
den Kolonien, die aus Feindschaft gegen die Republik den
Holländern den Vorzug gaben für Verschiffung ihrer Waren.
„So hatte sie ihren Ursprung ganz in den Gegensätzen jener
Tage, doch hatte sie zugleich einen allgemeinen Zweck" und
diesen sieht Ranke in dem direkten Angehen gegen die Holländer,
die den damaligen Welthandel beherrschten.

Zu beachten ist nun wie hier die Art der Kriegführung
sich eng anpaßt an den politischen Akt, der den Krieg hervor=
rief. Die Navigationsakte gibt englischen Schiffen weitgehende

Vorrechte im europäischen Verkehr mit England, behält ihnen die Fahrt zwischen England und außereuropäischen Ländern ausschließlich vor, verbietet den Küstenhandel für Fremde und schützt die englische Seefischerei. Holland erklärte sofort, solchen Bestimmungen sich nicht fügen zu wollen und als beide Staaten ihrer Auffassung über ihre Rechte auf See mit bewaffneter Hand Schutz verliehen, war der Krieg da, ehe er erklärt war. Aber nicht des Gegners Kriegsflotte wurde angegriffen, sondern die Art der Kriegseröffnung bestimmte die strategische Form des Krieges: nur wo die Handelsflotten konvoiierenden Kriegsschiffe aufeinandertrafen wurde gefochten. In wildem Durcheinander wogten diese Kämpfe hin und her, ohne eigentlich eine militärische Entscheidung zu bringen, aber der über die ganze Welt verteilte holländische Handel erlitt enormen Schaden. So kam im Jahre 1654 ein für England vorteilhafter Frieden zu stande, der neben der grundlegenden Bedeutung für die Entwickelung seines Seehandels auch ganz allgemein die Machtstellung des Landes nach außen erhöhte. Die kontinentalen Staaten hatten sich von der auf dem Schaffot eines Königs errichteten Republik zurückgehalten, die militärische Machtentfaltung, die sie zum gesuchten Bundesgenossen machte, hob sie aus dieser Isolierung wieder heraus. Zum Friedensschluß mit Holland hatte es schon beigetragen, daß Schweden, seit 1648 im Besitz von Bremen und Verden nahe der holländischen Grenze, in ein Vertragsverhältnis mit England trat, jetzt war es der aus dem 30jährigen Kriege her noch fortdauernde Streit zwischen Spanien und Frankreich, der zu Allianzen Gelegenheit bot und von beiden Seiten wurde England mit Anträgen umworben. Spanien wollte ihm die oft erstrebte Begünstigung des freien Handels mit seinen Kolonien nicht zugestehen, da wandte sich Cromwell Frankreich zu, da Mazarin ihm neben der Ausweisung der Stuarts aus Frankreich den Besitz der den Spaniern abzunehmenden Seefeste Dünkirchen versprach. Dies Eingreifen Englands, das ihm neben Dünkirchen den Besitz von Jamaika verschaffte und Admiral Blake Gelegenheit bot, eine wertvolle spanische Silberflotte abzufangen, zwang dann auch Spanien dazu, Friede mit Frankreich zu schließen.

Kaum je war England als Militärmacht so hervorgetreten, als zu der Zeit, da Cromwell seine Geschicke lenkte. Wie die politisch-merkantilen Interessen des Landes hierdurch gefördert wurden, haben wir soeben gesehen, besonders hervorstechend war aber der Einfluß des militärischen Elements auf die Seekriegsführung. Auch die Kommandostellen der Flotte gelangten in die Hände von Offizieren, die unter Cromwell im Landkriege geschult waren und diesen „Soldaten-Admiralen" ist es wohl in erster Linie zuzuschreiben, daß Strategie und Taktik des Seekrieges in neue Bahnen einlenkten. Klar erkennbar treten diese Neuerungen allerdings erst im zweiten englisch-holländischen Kriege hervor und zwar bei beiden Staaten, der Vorrang scheint aber doch den Engländern zu gebühren. Schon 1653, also unter dem Einfluß des damals noch im Gange befindlichen ersten Krieges, wurde von den Admiralen, an deren Spitze Blake steht, eine Kampfinstruktion unterzeichnet, die mit dem Prinzip der Massenschlachten bricht und die Kiellinie als Gefechtsformation einführt. Damit ist aber auch der strategische Gedanke ausgesprochen, daß nicht direkte Handelsschädigung die erste Aufgabe der Seekriegführung sei, sondern der Kampf mit des Gegners Kriegsflotte. Die Rückkehr zu den Anschauungen, die Admiral Drake schon zu Zeiten der Königin Elisabeth vertrat, war damit gegeben, die Konsequenzen dieses Kampfprinzips läßt uns aber der zweite holländische Krieg erst erkennen.

Es führt uns dies in die Zeit, da die Restauration die Stuarts auf dem englischen Thron zurückgeführt hatte und zwar mit Hilfe eines der Mitunterzeichner der neuen Kampfinstruktion, des Generals und Admirals Monk. Mächtig hatte sich Holland wieder emporgeschwungen, unter Erneuerung des alten, zur Zeit des 30jährigen Krieges gegen Spanien gerichteten Bündnisses mit Frankreich trat es England überall auf der Welt entgegen und nach langen Reibereien erklärte ihm Karl II. im Einverständnis und auf Betreiben des Parlaments 1664 den Krieg. Ranke berichtet uns, die Engländer hätten durch Vorgehen bis an die Küste des Feindes den Kanal beherrschen wollen, wenn Hollands Flotte ihnen nicht entgegenkäme, „aber der allgemeine „Wunsch war, daß dies geschehe und die Sache durch einen „großen Kampf ausgemacht werden möchte". Von der anderen Seite sagt er, „die Holländer waren ohnehin der Meinung, daß „nur eine gewonnene Schlacht ihnen einen dauernden Frieden „verschaffen könne," und ich übersetze dies nur in die Sprache des Seekrieges, wenn ich sage, beide Nationen bekannten sich zu dem strategischen Grundprinzip, daß der Kampf um die

Seeherrschaft in der Schlacht das entscheidende im Seekriege sei, daß aber, wo es zu solcher Entscheidung nicht komme, der richtig handle, der durch Vorgehen bis an des Gegners Küste die See für sich in Beschlag nimmt. Dem Willen zum Kampf war aber die Herausbildung der Kampfform, der Linie, schon vorangegangen, da ist es denn nur natürlich, daß auch das dritte Glied in dieser strategisch-taktischen Kette, das Schlachtschiff, sich nunmehr zu einem festen Typ entwickelte, zum Linienschiff.

So wurden diese Kriege zu einem Merkstein in der geschichtlichen Entwickelung des Seekrieges und die Namen Blake und Monk auf englischer, Ruyter und Tromp auf holländischer Seite bezeichnen die Etappen auf diesem Wege. Ein langer Entwickelungsgang fand damit seinen Abschluß. Nicht mehr darauf kam es jetzt an, einzelne starke Schiffe zu bauen, sondern jedes Schiff, das in der Schlacht kämpfen sollte, mußte imstande sein, seinen Platz in der Linie zu behaupten. Jedes schwache Schiff, das früher im Gewirr der Massenschlachten sich seinen Gegner suchen und mithelfen konnte zum Erfolge, wurde bei dieser Kampfesweise zu einer Gefährdung des Ganzen. So wurde Homogenität der Kriegsschiffe das Haupterfordernis und daß für armierte Kauffahrer in dieser Flotte kein Platz mehr war, ist selbstverständlich.

Auch nach Einführung der Linie blieb die Dreiteilung der Flotten bestehen und der Übergang zu einer festen Formation wirkte insofern günstig, als die nun lenksameren Teile sich gegenseitig wirksamer unterstützten und so den im Laufe der Schlacht neu auftretenden taktischen Lagen besser Rechnung tragen konnten. Eine wichtige Änderung vollzog sich infolgedessen auch in der Führung der Schiffe und damit in dem Personal. In den Massenschlachten war das Heranführen zum Kampf kaum ein Teil der eigentlichen militärischen Tätigkeit, es gehörte dazu nur seemännisches Geschick und Fahren und Fechten waren voneinander getrennt. Jetzt bildete die bewegte Linie das Kampfinstrument und es entstand aus Schiffer und Soldat der Seeoffizier. Man kann hierin auch den Ausgleich eines anderen Unterschiedes sehen, von dem Macauley spricht, wenn er von der englischen Marine zur Zeit der Stuarts sagt: „Es gab in der Flotte Gentlemen und Seeleute, aber die Seeleute waren keine Gentlemen und die Gentlemen keine Seeleute". In die

Flotte Jakobs I. traten die Herren vom Hofe ein und machten
sie fashionable, die Zeit der Republik fügte das soldatische Ele=
ment hinzu und an der Spitze der Flotte Karls II. stand ein
Seeoffizier aus königlichem Blut, der Herzog von York.

Auf die Ereignisse dieses zweiten holländischen Krieges will
ich sonst nicht näher eingehen. Er fand für England keinen
günstigen Ausgang; entscheidend dafür waren neben den Er=
folgen seines Gegners allerlei Mißgeschick im eigenen Lande
und dann die Stellung Frankreichs, das unter seinem jungen
Herrscher, Ludwig XIV., damit zum erstenmal in den Wettstreit
der drei Nationen um die See eintrat. Seit Colbert, der
wissenschaftliche Begründer des Merkantilsystems dort Minister
war, hatte man begonnen, allen Fragen, die mit der See zu=
sammenhängen, erhöhte Aufmerksamkeit zuzuwenden, wenn auch
in dem zentralisierten, der See nicht so voll zugewandten fran=
zösischen Staat die Regierung hierbei mehr die erziehende und
führende Rolle übernehmen mußte, als es in dem fast einer
Naturnotwendigkeit folgenden Inselreiche England der Fall war.
Die Seeinteressen Frankreichs waren es denn auch, die zunächst
Ludwigs Stellung zu diesem Kriege beeinflußten; zwar bestand
auch gegen Holland eine Handelsrivalität, aber die Furcht vor
einer Handelssuprematie Englands war doch stärker und so
nahm Ludwig diesem Staate gegenüber eine Stellung ein, die
noch den Krieg nicht brachte, die aber England doch nicht frei
über seine Seestreitkräfte verfügen ließ. Aber schon während
des Krieges trat ein Wechsel ein. Was das Frankreich Lud=
wigs XIV. nie voll der See sich zuwenden ließ, war das
Streben nach Erweiterung des Landbesitzes und dafür, daß
Karl II. versprach, den Angriff Frankreichs auf die spanischen
Niederlande, der dann im sogenannten Devolutionskriege be=
gann, nicht entgegen zu sein, verpflichtete sich Ludwig, seine Flotten
im Hafen zu lassen. Wieweit der französische Angriff auf
spanisches Gebiet etwa darauf ausging, sich den Weg nach
Holland frei zu machen, will ich dahin gestellt sein lassen. Daß
aber der mächtigen Militärmacht Frankreich damals schon der
Plan vorgeschwebt haben kann, sich des holländischen Rivalen
auf der See mit Hilfe des Landkrieges zu erwehren, scheint
mir nicht ausgeschlossen zu sein. Es läge hierin zugleich eine
Erklärung dafür, daß man die Handelsgegnerschaft des Insel=
staates England für bedrohlicher ansah als die von Holland:

Hollands Handel war zwar mächtiger als der englische, diesem war aber nur beizukommen mit Hilfe des Seekrieges.

Es ist hier nicht der Ort, um auf die dynastischen, religiösen und allgemein-politischen Tendenzen hinzuweisen, die in diesem Kriege schon mitwirkten, uns interessieren in erster Linie seine Beziehungen zur See. Aber einmal ist die Mischung von Landkrieg und Seekrieg beachtenswert, die hier sich ankündigt, und die gegenseitige Beeinflussung beider Kriegsarten, die daraus entsteht, ferner schürzt sich hier schon der Knoten zu dem großen Schlußdrama dieser Periode, dem spanischen Erbfolgekriege. Denn das vermeintliche Recht seiner Gemahlin auf spanischen Besitz, das Ludwig hier verfocht, wurde weiter verfolgt, als er seinem Enkel die spanische Krone zuwenden wollte. Für Englands Stellungnahme zu diesen Fragen aber brachten die folgenden Kriegsereignisse bald einen Umschwung.

Als Ludwig XIV. im Jahre 1672 Holland angriff, dessen Handelsmonopol die maritimen Bestrebungen von Frankreich hinderte, dessen protestantisch-republikanische Gesinnung dem katholischen Absolutismus überall entgegentrat, da stand England auf seiner Seite. Karl II. hatte sich durch Geheimverträge gebunden und das Land, das von deren dynastisch-religiöser Tragweite keine Kenntnis hatte, sah Vorteile in einem Kriege, der seinem Seeinteresse Nutzen versprach. So wurde Holland von der See und vom Lande aus mit Übermacht angegriffen und von Anfang an in die Verteidigung gedrängt. Zwar gelang es der Flotte unter de Ruyters genialer Führung in kräftigen, aus der strategischen Defensive heraus geführten Schlägen das Schlimmste abzuwenden, aber in seinen Beziehungen zur See schwer geschädigt, im Lande selbst durch die französischen Heere auf den Widerstand der befestigten Städte und den Wasserschutz der Überschwemmungswerke angewiesen, hat es in diesem Kriege einen Schaden erlitten, von dem es sich nie wieder erholt hat. Rettung brachte ihm ein auf Betreiben Spaniens — „Man hat es der spanischen Monarchie fast vergessen, daß sie in dieser Sache ihrer alten Feinde die Initiative ergriff"[1] — zustande gebrachtes Bündnis, das sich gegen den Friedensstörer von Europa wandte.

Wie wirkte nun dieser Umschwung der Dinge auf Eng-

---

[1] Ranke, Französische Geschichte.

land? Daß das Bündnis zwischen Karl II. und Ludwig XIV. nicht die holländischen Dinge allein betraf, wissen wir und Karl wollte zunächst an ihm auch festhalten, aber das Parlament machte Schwierigkeiten und da die hierbei angestellten Erwägungen auch für die Seekriegführung im allgemeinen von Bedeutung sind, sei auf sie hier kurz hingewiesen.

Auch ohne Geldbewilligungen des Parlaments glaubte Karl den Krieg fortsetzen zu können, da ein glücklich geführter Seekrieg, damals noch mehr als heute, Einnahmen schaffte; die holländischen Prisen, deren Wert man auf eine halbe Million ₤ angibt, sollten ihm die Mittel dazu liefern. Dem stand aber gegenüber, daß der englische Handel, der während des Krieges hauptsächlich auf Spanien und das Mittelmeer angewiesen war, ernstlich bedroht war, wenn Spanien auf die Seite der Gegner Englands trat. Dies fürchtete nicht nur der englische Handelsstand, sondern auch der König selbst, der aus den vom Handel gespeisten Seezöllen seine — allerdings dem Parlament gegenüber hart bestrittenen — ständigen Einnahmen zog. So gab er nach und wieder konnte England nach beiden Seiten hin seine Stellung behaupten und mit einem für seine Seeinteressen günstigen Frieden sich aus der Affäre ziehen. Wie sehr aber Freundschaft oder Feindschaft des Inselreiches für Ludwig von Wert war, das sieht man daran, daß er die ihm im Bündnisvertrage zugesicherten Subsidien weiter zahlte, um es wenigstens neutral zu halten.

So gewann der Seekrieg an Einfluß für die Gestaltung der Dinge in Europa an diesem wichtigen Wendepunkt europäischer Politik, aber auch die Stellung der drei Staaten zueinander hatte sich verändert. Noch verhinderte die Persönlichkeit Karls II., deren Interesse mit dem des englischen Staates und Volkes sich nicht deckte, die klare Erkenntnis, aber ein Umschwung bereitete sich doch vor. Eine Schwächung des holländischen Übergewichts zur See wie ein Zurückhalten der spanischen Macht lag wohl in Englands Sinn, aber ihm wäre durchaus nicht damit gedient gewesen, wenn Frankreich sich zum Herrn am Niederrhein gemacht hätte und es sah ungern, daß seine Flotten jetzt, unbehindert durch England, im Mittelmeer gegen Spanien und Holland fechten konnten. An beiden Stellen setzte später die englische Politik ein. Die Erhaltung eines unabhängigen, zur See aber nicht zu mächtigen Staatsgebietes an der anderen Seite des Kanals wurde eine ihrer Maximen und der in diese Zeit fallende Versuch, sich in Tanger einen Flottenstützpunkt im Mittelmeer zu erwerben, war ein Vorläufer dessen, was England im spanischen Erbfolgekriege erreichte.

Ich bin in der Schilderung dieser Zeit, die die Kriegsflotte von der Handelsflotte loslöste, ausführlicher gewesen, weil in ihr der Seekrieg sich gänzlich umgestaltete. Es erschien mir dies auch deshalb angebracht, weil damit nicht nur der Begriff der Seepolitik, sondern auch der des Seestaates sich fester herausbildet und in drei verschiedenen Typen uns entgegentritt. Der reine Handelsstaat Holland, auf ungenügender Landbasis errichtet, ist der Hanse zu vergleichen, die stark gewesen war unter Schwachen. Es ging mit ihm bergab, als er gezwungen wurde, neben der Behauptung der See gegen einen mächtigen Nachbar Landkriege zu führen. Frankreich stand anders da in Europa; es wäre ein furchtbarer Gegner für England gewesen, wenn Ludwigs Eroberungssucht das Land nicht in Kriege gestürzt hätte, die ihm rings herum Feinde erweckten, die seine Finanzen ruinierten und es nie dazu kommen ließen, sich voll der See zuzuwenden. Am günstigsten für Abwehr wie für Angriff war das Inselreich England daran, als es sich immer mehr dessen bewußt wurde, daß der Kanal es trenne von der europäischen Welt.

Den letzten Abschnitt dieses Teils, der uns an der Hand der seekriegsgeschichtlichen Ereignisse bis zum Jahre 1713 zeigen soll, welche Folgen die Lostrennung der Kriegsflotte von der Handelsflotte hatte, werde ich kürzer fassen können.

Die seit 1674 von England geübte Neutralität hatte es Ludwig XIV. ermöglicht, des mächtigen Bündnisses sich zu erwehren, das gegen ihn im Felde stand, sie hatte Frankreich im Seekriege freie Hand gelassen gegen Spanien und Holland. Die Beherrschung des Mittelmeeres förderte die Landkriegführung dort und unter dem Schutz der Kriegsflotte hatte Frankreichs Handel und sein Kolonialreich einen mächtigen Aufschwung genommen. Man kann die Jahre bis 1690 als die Blütezeit der französischen Seemachtsstellung ansehen; sie reicht hinüber bis in den pfälzischen Erbfolgekrieg, der die beiden Seemächte, England und Holland, unter Wilhelms III. Leitung zum ersten

Male vereint gegen Frankreich führte und sie teilnehmen ließ an der gegen Frankreich gerichteten großen Wiener Allianz. Schwer mußte der Oranier ringen, um gegen seinen Schwiegervater Jakob II., den letzten Stuart auf Englands Thron, Herr zu werden in dem Lande, zu dessen Herrscher er als Gemahl einer englischen Prinzeß vom Parlament berufen worden war. Am 15. November 1688 war er von Holland her an Englands Küste gelandet und bis der Sieg am Bohne-Fluß im Jahre 1690 das Land endgültig in seinen Besitz gab, haben Frankreichs Seesiege unter Tourville den Erfolg mehrmals ernstlich in Frage gestellt. Aber schon diesen Siegen der Franzosen fehlte der energische Drang zur Vernichtung des Gegners und zur Ausnutzung des Erfolges, der den Kampf um die Seeherrschaft durchdringen soll, schon damals neigte Ludwig XIV. dazu, in der Schlachtflotte nur ein unbequem teures Instrument zu sehen, das seine Landkriege nicht entscheiden konnte und dem er daher nicht soviel Mittel zuwenden wollte, daß sie den Kolonialbau und den Seehandel hätte tragen können; der Blütezeit der französischen Seemachtsstellung, von der ich sprach, folgte keine Frucht, sie trug den Keim des Verfalls in sich. Als dann die Schlacht von la Hogue im Jahre 1692 Frankreich den größten Teil seiner Schiffe nahm, da wurde die Lücke zwar wieder ausgefüllt, aber die innere Kraft der Flotte war dahin. Die Tendenz, die Schiffe zu schonen statt sie einzusetzen zur Gewinnung des Sieges, gewann immer mehr die Oberhand und der spanische Erbfolgekrieg setzte fort, was hier begonnen worden war. Je mehr die französische Flotte sich zurückhielt, desto mehr Bewegungsfreiheit gewannen die Gegner und die Erfolge der berühmten Freibeuterführer — der spanische Erbfolgekrieg hat die großen Beutezüge gegen den Seehandel Englands und Hollands gesehen, von denen die französische neue Schule heute noch ihre Vorbilder nimmt — konnten nicht verhindern, daß die Kriegsflotten dieser Länder zu einer wirksamen Hilfe für den Landkrieg in allen Meeren wurden, die, Europa umfassend, Frankreich und die umstrittenen Länder der spanischen Monarchie umspülten. Daß Portugal im Westen und Savoyen an der Mittelmeerküste sich der Großen Allianz zuwandten, war der werbenden Kraft der englisch-holländischen Flotten zu verdanken, wie andrerseits deren Operationen erst durchführbar wurden, als die Häfen der verbündeten Uferstaaten sich als Stützpunkte ihnen öffneten.

Die Entstehungsgeschichte des spanischen Erbfolgekrieges ist bekannt. Die Frage, wie beim Aussterben der spanischen Linie der Habsburger die Thronfolge geregelt werden solle, hatte seit Jahren die europäische Diplomatie beschäftigt, alle Pläne zu einer Teilung des Reiches, mit denen man sich getragen hatte, wurden aber hinfällig, als Karl II. von Spanien, dem Willen seines Volkes folgend, den Enkel Ludwigs XIV., Philipp von Anjou, in seinem Testament zum Erben der Gesamt-Monarchie einsetzte. Diesem von Frankreich unterstützten, in Spanien anerkannten Thronfolger stellte Kaiser Leopold seinen Bruder, den Erzherzog Karl, als Träger der Rechte des Hauses Habsburg gegenüber und die Seemächte England und Holland, die nicht wollten, daß ein französischer Prinz der spanischen Seemachtsstellung neuen Aufschwung gebe, traten auf die Seite der Gegner Frankreichs. Bald zeigte sich dann auch, wie richtig sie damit handelten und welche Pläne Frankreich mit der spanischen Thronkandidatur verband: „mit französischem Kapital wollte man Spaniens Reichtümer in Besitz nehmen"[1]), in Paris entstanden mit Unterstützung des Königs und der Prinzen Handelskompagnien für Mexiko und Peru, für den Alleinhandel mit spanischer Wolle und zur Versorgung der Kolonien mit Negersklaven. Was dies bedeutete, erkennen wir, wenn wir uns erinnern, daß der direkte Handel mit den spanischen Kolonien eine stets wiederkehrende, immer noch unerfüllte Forderung englischer Politik gewesen war. Aber nicht zu einem Handels- und Kolonialkrieg gestaltete sich die Verwendung der Flotten in diesem Kriege aus, es ist vielmehr für ihn charakteristisch, daß auch die beiden Seemächte, wenn auch die See die Einnahmequellen schuf, auf denen ihre und teilweise ihrer Bundesgenossen Kriegführung ruhte, doch die schließliche Entscheidung im Landkriege suchten. Mächtige Heere fochten in ihrem Solde und auch ihre Flotten stellten sich ganz in den Dienst der Landkriegführung. So wurden Frankreichs Grenzen von allen Seiten umfaßt und an der spanischen Küste Nebenkriegsschauplätze geschaffen, denen die Flotte der Alliierten als Angriffsbasis wie als Rückzugsdeckung diente. Nicht nur der Angriff auf den Handel des Gegners und auf seine Kolonien, von dem viele wie in früheren Kriegen sich reichen Gewinn versprochen hatten, trat hiergegen in den Hinter-

---

[1]) Ranke, Französische Geschichte.

grund, sondern auch der Schutz der eigenen Seeinteressen und als Ziel der Seekriegführung stellte man nicht allgemein die Erkämpfung der Seeherrschaft hin, die dann jede Form ihrer Ausnutzung für Landkrieg wie für Handels- und Kolonialkrieg gestattet, sondern man begnügte sich mit einer partiellen Beherrschung der See an den Stellen der Küste, wo man sie für den Landkrieg brauchte. Diese falsche Auffassung von den Zwecken und Zielen des Seekrieges hätte wohl zu schlimmen Resultaten geführt, wenn nicht, wie uns ja bekannt ist, auch die französische Seestrategie in falschen Bahnen sich bewegt hätte. Dem entspricht es denn auch, wenn wir hören, daß die einzige große Seeschlacht des Krieges, die Schlacht bei Malaga 1704, zu einer eigentlichen Entscheidung nicht führte und auch in rein taktischer Hinsicht einen Rückschritt bedeutet. Trotz alledem kann man nicht umhin, den spanischen Erbfolgekrieg als einen wichtigen Abschnitt in der Seekriegsgeschichte wie in der Geschichte des Seekrieges zu bezeichnen und eine kurze Betrachtung soll uns dies erkennen lassen.

Die Form der englischen Kriegführung, die den Schwerpunkt auf das Land verlegte, hatte viel zur Entscheidung beigetragen, sie hatte dem Inselreich ein hohes militärisches und politisches Ansehen auf dem Kontinent verschafft und vielfach den Rückhalt des ganzen Bündniskrieges gebildet, aber sie hatte der Regierung, deren Mittelpunkt zugleich Englands Feldherr Marlborough war, stetig wachsende Gegnerschaft im Lande verschafft. Als dann durch den Tod des Kaisers Josephs I. der von den Seemächten bisher unterstützte Kronprätendent Kaiser von Deutschland wurde, änderten sich die ganzen Aussichten des Krieges. Auch die Vereinigung der österreichischen Hausmacht mit dem spanischen Besitztum in beiden Hemisphären hätte ein Reich entstehen lassen, das England als eine Bedrohung seiner Seeinteressen erscheinen mußte, persönliche Differenzen der Königin Anna mit ihren Ministern kamen hinzu, kurz zu einer Zeit höchster Bedrängnis Ludwigs XIV. wechselten in England das Ministerium und die Politik. Man bot Ludwig die Hand zu einem Sonderfrieden, der Philipp V. als König von Spanien unter bestimmten Garantien anerkannte, Frankreich vom Untergange rettete und England alles gewährte, was es an Vorteilen für seine Seemachtsstellung wünschte. „Durch den Frieden ist die kommerzielle Überlegenheit Englands über Spanien sowohl wie über Frankreich auf immer festgesetzt worden. Es erwarb durch den Sklavenhandel und andere Vorteile des Assientotraktats einen gesetzlichen Einfluß auf Südamerika, der das bisherige System von Spanien durchbrach und den Einwirkungen von Frankreich entgegentrat."[1]) Jede dieser Errungenschaften erhielt aber für England dadurch doppelten Wert, daß es gelang, gleiche Rechte für Holland auszuschließen. Frankreich, so sehr es finanziell und militärisch geschwächt, so weit es zurückgekommen war von dem Einfluß auf der See, der es zum gefährlichen Rivalen des Inselstaates gemacht hatte, blieb doch die größte Macht des Kontinents. Holland war schon während des Krieges in ein Abhängigkeitsverhältnis zu England getreten, das auch darin seinen Ausdruck fand, daß bei allen gemeinsamen Unternehmungen auf See der Oberbefehl dem englischen Admiral zustand, beim Friedensschluß war es derart geschwächt, daß es zuschauen mußte, wie sein immer mächtiger gewordener Bundesgenosse fast allein den ganzen Gewinn, namentlich für den Handel mit Frankreich und Spanien, davontrug. So war unter den drei Bewerbern um die Vorherrschaft auf der See England als Sieger hervorgegangen und dafür, daß es aus dieser Stellung nicht wieder verdrängt werden sollte, hatte es zwei Pfänder in der Hand, die — im Namen des habsburgischen Prätendenten und mit Hilfe seiner Bundesgenossen erworben — bei Abschluß des Friedens in seinem Besitz blieben: Gibraltar und Minorka.

Daß der Friede von Utrecht, der den spanischen Erbfolgekrieg beendete, hierdurch auch einen wichtigen Abschnitt in der Geschichte des Seekrieges bedeutet, erkennen wir, wenn wir rückschauend dessen Entwickelung seit dem Zeitalter der Entdeckungen betrachten, wie sie uns bis hierher erschienen ist.

Wir haben aus den Stadtstaaten und Städtebündnissen, die am Ausgang des Mittelalters mit ihren Flotten die See befuhren und den Seehandel für die großen Staaten besorgten, Seestaaten entstehen sehen, die, je nachdem sich ihre Interessen mehr dem Lande oder mehr der See zuwandten, die Seepolitik ihrer Gesamtpolitik einfügten. Wenn aber der Seehandel und was mit ihm zusammenhing nicht mehr die Sache einzelner war, sondern zu einer Staatsangelegenheit, zu einem Gebiet der

---

[1]) Ranke, Französische Geschichte.

Staatenpolitik wurde, so mußte auch das Instrument solcher Politik, die Flotte, von ihrer ursprünglichen Verbindung mit den den Seehandel betreibenden Schiffen sich lösen und zu einer reinen Staatsinstitution werden. Diese Loslösung kam beiden Teilen zugute, der Kriegsflotte wie der Handelsflotte, am meisten aber dem Staate, der damit erst über diesen Teil seiner Wehrkraft freie Verfügung bekam. Weitere Förderung brachte dann der Seekrieg selbst. Die Erkämpfung der Seeherrschaft durch die Schlacht wurde als wichtigstes Ziel der Kriegführung erkannt und in der Linientaktik und dem Linienschiff das dem damaligen Motor und den damaligen Waffen entsprechende Mittel der Schlachtentscheidung gefunden. So stellte sich der Seekrieg neben den Seehandel und wenn für diesen der Satz gilt, daß die See alle Völker zu Nachbarn macht, die an ihr wohnen, so schafft der Besitz einer leistungsfähigen Kriegsflotte auch militärische Nachbarschaft. Ein wehrhafter Seestaat wird ein drohender Feind oder ein erwünschter Verbündeter für alle Staaten, die an die See grenzen. Gerade diese erhöhte Bündnisfähigkeit und damit die Möglichkeit, aus jeder politischen Konstellation Nutzen zu ziehen, trat in den hier geschilderten Kriegen immer mehr hervor und prägte sich um so stärker aus, je vollkommener die Mittel der Seekriegführung wurden und je universeller die Ausnutzung der durch sie errungenen Beherrschung der See. Denn eine vollkommene Seeherrschaft gestattet jede Art der Ausnutzung: für den Schutz des Handels, für den Angriff auf ihn, für Mischung von Landkrieg und Seekrieg an der Küste, ja für die Eroberung des feindlichen Landes, wo die Heereskraft dessen, der auf der See Sieger geblieben ist, dazu ausreicht. Solche Überlegung hebt auch das strategische Prinzip, die Seeherrschaft nicht an einem bestimmten Ort oder für einen bestimmten Zweck zu erkämpfen, sondern um ihrer selbst willen, heraus aus dem rein militärischen Gebiet in das politische. Denn nur eine solche universelle Auffassung macht den Seekrieg zu einer Waffe, die in jeder politischen Konstellation ihre Bedeutung behält, wie auch die Gegner beschaffen sein mögen, die miteinander ringen.

So löste sich der Seekrieg, der, auf die Handelsflotten basiert, zum Handelskriege geworden war, von diesem los und bekam allgemeinere Bedeutung. Je mehr er aber neben dem Handelskriege auch anderen Zwecken diente, desto häufiger wurden in seine

Bündnisse auch solche Seeuferstaaten mit hineingezogen, die eine kampfkräftige Flotte nicht hatten, deren Häfen man aber als Stützpunkte benutzen konnte, oder die stark genug waren, um als Bundesgenossen im Landkriege eine Rolle zu spielen. Wir sehen, daß diese Seeuferstaaten im Bündnis sich dem zuwenden, der die See beherrscht, und wie die eigentlichen Seestaaten ein Interesse daran haben, solche Staaten zu schützen, um sich ihrer zu bedienen. Portugals Schutz übernahm England schon zur Zeit der Königin Elisabeth, in die Zeit des spanischen Erbfolgekrieges fällt der sogenannte Methuen-Vertrag und dieses Bündnis hat sich zum Vorteil des englischen Handels wie der englischen Seekriegführung bis heute erhalten. Im Frieden von Utrecht hat England dann auch für Savoyen, das sich den Seemächten zuwandte, sobald ihre Flotten der französischen im Mittelmeer überlegen waren, neben Gebietserweiterungen auf dem Kontinent den Besitz des Königreichs Sizilien ausgewirkt. „So war überhaupt das Verhältnis. Das englische Ministerium verhandelte zwischen seinen alten Verbündeten und dem König, den es früher mit ihnen bekämpft hatte, mit dem es aber jetzt einverstanden war."[1]) Die Benachteiligung des Konkurrenten Holland floß aus derselben Quelle wie die Begünstigung des zur See ungefährlichen verbündeten Savoyen und auch dieses Bündnisverhältnis findet seine Fortsetzung in den Beziehungen des heutigen britischen Reiches zum Königreich Italien. Aber wichtiger noch als Bündnisfähigkeit ist die Möglichkeit selbständiger Kriegführung in von der Heimat entfernten Gewässern, wie nur der Besitz eigener Stützpunkte sie gewähren kann, und dieses bisher fehlende Glied in der Seerüstung Englands gab ihm der Frieden von Utrecht. Der Besitz von Gibraltar und Port Mahon schob die englische Flotte schon im Frieden in eine Angriffsstellung vor gegen die südeuropäischen Küsten, er machte sie frei von der jeweiligen Bündnispolitik und nahm die See gewissermaßen für England in Beschlag. So sehen wir vor 200 Jahren schon das heutige Verhältnis vorbereitet: die Organisation der englischen Flotte vom Jahre 1905, die Europa mit einer Geschwader-Aufstellung umfaßt und je nach dem Bedürfnis eines auftauchenden Kriegsfalles eine angriffsweise Konzentration überlegener Kräfte an der gefährdeten

---

[1]) Ranke, Französische Geschichte.

Stelle ermöglicht, ist nur der Ausbau dessen, was im Jahre 1713 begonnen wurde.

Wollen wir aber mit einer allgemein=historischen Überlegung schließen, so können wir sagen, das 17. Jahrhundert hat Europa durch eine Reihe von Kriegen, die teils dem Glaubensfanatismus, teils dynastischer Herrschsucht entsprangen, hinübergeführt zu einer Politik, die sich immer mehr die Aufgabe stellte, den Interessen der Staaten und der Völker zu dienen und zu diesem Fortschritt hat die Entstehung der Seestaaten und das Eingreifen des Seekrieges wesentlich mit beigetragen. Auch hierin hatte England die Führung übernommen. Noch war sein Parlament keine eigentliche Volksvertretung, es war mehr eine oligarchische Repräsentation, aber die englische Politik, wie sie von Krone und Parlament bestimmt wurde, diente doch wohl mehr dem Interesse der Allgemeinheit, als es zu der Zeit in irgend einem anderen der Staaten Europas der Fall war. Daß von den drei Monarchien, die sich außer Holland im 17. und 18. Jahrhundert um die Vorherrschaft auf der See stritten, England am weitesten vorgeschritten war auf dem Wege zum freiheitlichen modernen Staat, hatte sich auch in der staatlichen Auffassung über die Behandlung Andersgläubiger gezeigt. Wie sich Spanien geschwächt hatte durch die Austreibung der Mauren, mit der viele tausende hochintelligenter, gewerbsfleißiger und kapitalkräftiger Einwohner dem Lande verloren gingen, so war es in Frankreich der Fall, als Ludwig XIV. die Hugenotten aus seinen Staaten verbannte. Nur die Engländer, die ihres Glaubens wegen auswanderten, gingen ihrem Vaterlande nicht verloren, sie sind zu Kolonisatoren geworden und haben jenseits des Atlantischen Ozeans die Neuenglandstaaten schaffen helfen, aus denen reicher Gewinn dem Mutterlande zufloß. Der Seemachtsstellung Englands aber kam beides zugute, die wirtschaftliche Schwächung seiner Gegner wie die Förderung, die sein eigenes Kolonialreich erfuhr.

II. Englands Teilnahme an den Bündniskriegen gegen die französische Republik und das Kaiserreich.

Der erste Teil unserer Betrachtung umfaßte einen langen Zeitabschnitt, in dem sich alle Bedingungen für den Seeverkehr und damit auch für den Seekrieg umgestalteten. Neue Schiffstypen, neue strategische und taktische Prinzipien traten auf und wir haben gesehen, wie sich in dieser Zeit der Seekrieg seine Stelle eroberte im Leben der Staaten und Völker. Das hier zu besprechende Thema ist anders beschaffen, es behandelt eigentlich nur die Ausgestaltung des Bestehenden und greift nur einen Krieg heraus. Aber wie die Kriege im allgemeinen aufzufassen sind als die abschließenden Ereignisse langer Entwickelungen, so ist es auch hier: die napoleonischen Kriege schließen die Zeit ab, in der die Seekriegsgeschichte immer mehr zur Geschichte der Kriege Englands wurde, sie bringen die endgültige Besiegung des letzten Rivalen Englands um die Vorherrschaft auf der See, zugleich aber die Beiseiteschiebung der Neutralen im Seekriege wie der Konkurrenten im Seehandel. Der Zusammenhang von Seehandel und Seekrieg, wie er sich im 17. Jahrhundert gestaltet hatte, tritt uns in diesen Kriegen in der ausgeprägtesten Form entgegen, für die Mischung von Landkrieg und Seekrieg aber bringen sie uns wichtige Grenzwerte, wenn auch an einem extremen Beispiel, das in dieser Form kaum je wiederkehren wird. Denn zwei unvollkommen gerüstete Gegner stehen einander hier gegenüber: England, das die See beherrscht, dem aber die Waffen fehlen, um den Feind durch seine Kraft allein zum Frieden zu zwingen, und Frankreich, das sein überlegenes Heer nicht benutzen kann, um den Feind zu erschlagen, weil des Gegners Flotte ihm die See verschließt. Der Krieg, soweit er England und Frankreich betrifft, d. h. wenn man diese beiden

Charakteristik der Bündnisse gegen Frankreich.

Länder, die von 1793 bis 1815 mit einer kurzen Unterbrechung unausgesetzt im Kriege standen, als die Hauptakteurs in dem großen Drama ansieht, gipfelt zur Zeit der Kontinentalsperre schließlich in dem Kampf um den Handel, und beide Gegner führen ihn mit ihren Waffen, England mit der Flotte, Frankreich mit dem Heer, beide in der Defensive stehend und die Neutralen, d. h. die an diesem Handelskrieg direkt nicht beteiligten Staaten unterdrückend. Aber während England imstande war, den Neutralen auf der See seinen Willen aufzuzwingen, wurde Napoleon von den Neutralen im Landkriege erschlagen.

Ehe ich nun zur Schilderung der Napoleonischen Kriege übergehe, muß ich kurz besprechen, wie sich die Dinge auf der See seit dem Frieden von Utrecht weiter entwickelt hatten. Dem spanischen Erbfolgekrieg folgte zunächst eine längere Zeit des Friedens zwischen den Seestaaten, aber trotz aller von Frankreich und Spanien gegebenen Garantien bildete ein Zusammengehen der beiden bourbonischen Reiche sich doch allmählich heraus und wurde, wo es sich auf die See übertrug, zur Quelle neuer Mißhelligkeiten mit England. Im Jahre 1739 begann eine neue Kriegsperiode auf dem Meere, die erst im Frieden von Paris, der den siebenjährigen Seekrieg zwischen England und Frankreich-Spanien beendete, ihren Abschluß fand. Der Nordamerikanische Freiheitskrieg, der, 1775 beginnend, im Jahre 1778 die alten Seegegner Englands auf die Seite der um ihre Unabhängigkeit fechtenden Kolonien führte, schloß erst 1783, zehn Jahre bevor England der gegen die französische Republik gerichteten europäischen Koalition beitrat.

Ihre Signatur bekamen diese Kriege zunächst dadurch, daß die Kolonien eine immer höhere Bedeutung für die europäischen Staaten bekommen hatten und ein Abhängigkeitsverhältnis schufen, das in dem Sinne früher nicht bestanden hatte. Die Kämpfe um die Handelsniederlassungen in überseeischen Ländern hatten von jeher in den Seekriegen eine Rolle gespielt, es handelte sich in ihnen jedoch mehr um Einzelunternehmungen, die den Hauptkriegsschauplatz in den europäischen Gewässern nicht dauernd beeinflußten. Je größer aber die Gebiete wurden, die jenseits des Meeres, von Europäern besiedelt, einen Teil der Gesamtstaaten bildeten, oder in regelmäßigem Betriebe Kolonialwaren erzeugten, die der europäische Markt nicht mehr entbehren konnte, je wichtiger sie wurden als Abnehmer heimischer Erzeugnisse, desto notwendiger wurde es, das Band der Seeherrschaft zwischen Kolonien und Mutterland dauernd zu erhalten, desto mehr eigenen Wert erhielten solche koloniale Meeresgebiete aber auch. So gliedern sich an den Hauptkriegsschauplatz in den europäischen Gewässern überseeische Nebenkriegsschauplätze an, zwischen beiden aber muß die Seeherrschaft die Brücke schlagen, da von der Verbindung mit der Kraftquelle der Heimat die Widerstandskraft draußen wesentlich abhängt. Drei Gebiete sind es, die hierin hervortreten: das englisch-französische Kolonialgebiet im Nordosten von Amerika, die westindischen Gewässer und Ostindien. Aus den Kriegen bis 1763 ging England wiederum als Sieger hervor, bereichert an Kolonialbesitz und an Handelsvorteilen aller Art und wenn ihm der amerikanische Unabhängigkeitskrieg neben dem Verlust des mittelmeerischen Stützpunktes Minorka auch seine wertvollsten Besitzungen jenseits des Atlantischen Ozeans nahm, so hat er doch gerade dadurch einen weiteren Anstoß dazu gegeben, daß aus der vorwiegend atlantischen Macht eine Weltmacht wurde und der siebenjährige Krieg, der die Franzosen aus Ostindien vertrieb, hatte den Grund dazu gelegt.

Wenn ich auch diese Kriege hier nicht näher schildern kann, so ist doch für die Geschichte des Seekrieges zweierlei in ihnen erwähnenswert: die Stellung der beiden Hauptgegner — Spanien folgte im allgemeinen französischen Tendenzen — zu den großen strategisch-taktischen Prinzipien und die Beeinflussung der Seekriege durch gleichzeitige Kämpfe am Lande.

Der spanische Erfolgekrieg war der letzte Krieg gewesen, in dem englischen Heere auf dem Kontinent fochten. Auch sie bestanden schon nicht aus englischen Landeskindern, sondern aus Söldnern und es tritt uns hier bereits das Bestreben vor Augen, mit Geld Krieg zu führen statt mit Menschen. In freiere Formen wurde dies übergeführt, als man sich immer mehr dem wirtschaftlichen Zielen zustrebenden, mit wirtschaftlichen Waffen kämpfenden Seekrieg allein zuwandte und den Landkrieg Bundesgenossen gegen Subsidien übertrug. An einem ausgeprägten Beispiel tritt uns dies im siebenjährigen Kriege gegenüber, da Friedrich der Große von Preußen gegen Subsidienzahlung dem auf Englands Thron gelangten Hause Hannover seinen Landbesitz in Deutschland gegen Ludwig XV. schützte. So wurde Frankreich gezwungen, Landkriege zu führen,

die seine Finanzen schädigten und es als Gegner Englands
schwächten, dieses aber konnte sich frei der See zuwenden und
dem unter dem Schutz des Flottenkampfes leichter zu führenden,
dem lukrativen Handelskriege nahe verwandten Kolonialkriege.
Da solche Art der Kriegführung auf politischen Bündnissen sich
aufbaut und neben dem direkten Gebrauch der Waffen mit den
wirtschaftlichen Verhältnissen beider Länder rechnen muß, so ent=
scheidet über ihre Leitung der Staatsmann oft mehr als der
Militär. Die hervorragende Rolle, die der englische Minister
Pitt bei dieser Mischung von Politik und Kriegführung spielte,
tritt hierdurch erst in das rechte Licht.

Auch Frankreich stellte sich den Kolonialkrieg als Kriegs=
aufgabe aber in wesentlich anderem Sinne. Die Tendenz, im
Kampf die Schiffe zu schonen, hatte es mit hinübergenommen
in die neue Kriegsperiode, ja es hatte sich eine besondere stra=
tegische Doktrin hierfür gebildet. Man erklärte, es sei richtiger,
dem Feinde Landbesitz zu entreißen, als ihm „ein paar Schiffe"
fortzunehmen, und hierfür genüge es, sich des Feindes zu er=
wehren. So schlugen sie Defensivschlachten und glaubten gesiegt
zu haben, wenn sie nicht erschlagen worden waren. Eine teil=
weise Rechtfertigung erhielt diese Anschauung durch das taktische
Unvermögen der Engländer. Ihnen, die in richtiger strategischer
Erkenntnis sich die Aufgaben stellten, die feindliche Flotte zu
vernichten oder vom Meere zu vertreiben, hat der Entschluß
zum Drangehen nie gefehlt, aber sie vergriffen sich in dieser
Zeit in der Methode des Angriffs und banden sich an einen
die Entschlußfähigkeit der Führer hindernden Schematismus. So
konnte die englische Flotte nicht siegen, aber sie verbreitete
Schrecken und erreichte Erfolge durch die Kraft ihres Angriffs,
die französische blieb am Leben, aber sie erreichte nichts, weil
sie sich mit der Abwehr des Feindes begnügte. Man kann mit
einigen Ausnahmen, wo die Engländer mit entscheidender Über=
macht auftraten — die Schlachten von Lagos und Quiberon
im Jahre 1759 — oder wo der Zufall ihnen zu Hilfe kam —
die Schlacht von Dominika am Schluß des amerikanischen Un=
abhängigkeitskrieges — das 18. Jahrhundert bis zum Auf=
treten Nelsons taktisch als die Periode der unentschiedenen
Schlachten bezeichnen und es ist nicht zu verkennen, daß die
hier geschilderten Vorgänge auch Einfluß gewannen auf die
äußere Gestaltung der Kriege. Die Nebenkriegsschauplätze, von

denen ich vorher sprach, hätten nie solche Bedeutung gewonnen, wenn nicht die Franzosen bestrebt gewesen wären, den Krieg in die Kolonien zu tragen und wenn es den Engländern gelungen wäre, in den heimischen Gewässern entscheidende Schläge zu führen.

Wir werden sehen, wie diese politischen, kommerziellen und kriegerischen Tendenzen sich fortsetzen in den Napoleonischen Kriegen und wie sich die Erfolge der Engländer auf allen diesen Gebieten aufs höchste steigern, als die vernichtenden taktischen Erfolge der Nelsonschen Siege das Gebäude krönen.

Die Gefahren, die die französische Revolution auch für die Nachbarländer in sich schloß, hatte Preußen und Österreich zu einem Defensivbündnis gegen Frankreich geführt, da zwang ein girondistisches Ministerium Ludwig XVI. 1792 zur Kriegserklärung gegen die beiden Staaten und der erste Koalitionskrieg begann. Im Jahre 1793 schloß sich England zugleich mit Spanien, Neapel, Holland und dem Reich den Gegnern Frankreichs an und stellte, in der Hoffnung Dünkirchen damit für sich zu gewinnen und durch Verteidigung von Holland seinen Handelsweg zum Kontinent offen zu halten, auch ein Hilfskorps für den Landkrieg. Die französischen Siege vom Jahre 1794 und 95, die mit Errichtung der batavischen Republik unter französischem Schutz endeten, machten diesem Kriegsabschnitt ein Ende und nicht nur der Mißerfolg im Landkriege, sondern auch der veränderte Besitzstand auf der See bewirkten, daß England, dessen Flotten nun auch der holländische Kolonialbesitz als Beute winkte, sich dem Seekriege, speziell dem Kolonialkriege mehr zuwendete. Kapland und Ceylon fielen in seine Hand aber weitere Pläne für den Seekrieg scheiterten zunächst an der wenig energischen Kriegführung zur See. Wohl war die französische Flotte durch die Revolution schwer geschädigt, wohl schien die vollkommene Umfassung der französischen Grenzen durch den Landkrieg einer Verschließung der Küsten leichtere Erfolge in Aussicht zu stellen, aber die englische Flotte, bei Ausbruch des Krieges unvollkommen gerüstet und dann durch Meutereien der Schiffsbesatzungen geschwächt, zog hieraus keinen Nutzen. Die unvollkommene Blockade der französischen Küsten, der unzureichende Erfolg der ersten Seeschlacht vom 1. Juni 1794 ließen den fran-

zösischen Schiffen Bewegungsfreiheit und wenn sie auch an einen
Kampf um die Seeherrschaft nicht dachten, so war für England
doch die günstigste Zeit vorüber, als im Frieden von Basel
Spanien und Preußen von der Koalition zurücktraten. Da
traten neue Männer auf den Plan, in denen sich die Tendenz
der Kriegführung am Lande und zu Wasser verkörperten: Na=
poleon für Frankreich und auf englischer Seite der Admiral
Sir John Jervis, in dessen Mittelmeerflotte Nelson ein Linien=
schiff befehligte.

Die Engländer hatten Korsika als Basis für ihre Mittel=
meerflotte besetzt, auch italienische Häfen dienten als Rückhalt
und mit dem neuen Oberbefehlshaber war ein anderer Geist in
die Seeoperationen gekommen. Aber ehe seine Energie einen
Umschwung herbeiführen konnte, machten Napoleons Kriegs=
erfolge in Italien und Spaniens Anschluß an Frankreich es
der englischen Regierung immer fraglicher, ob es möglich sein
würde, die Flotte, deren Stützpunkte und rückwärtige Ver=
bindungen bedroht erschienen, in ihrer weitvorgeschobenen Stellung
zu belassen. Im Herbst 1796 erging an sie der Befehl, das
Mittelmeer zu räumen: dem Seekriege schien durch Napoleons
siegreiche Landkriegführung eins seiner Kriegstheater verschlossen
zu sein.

So ging die erste Kriegsperiode für England unrühmlich
zu Ende, es stand nach dem Frieden von Kampo Formio Frank=
reich allein gegenüber und seine Flotte schien machtlos zu sein,
um den Krieg zu beenden oder neue Bundesgenossen zu werben.
Aber schon hatte die Schlacht von St. Vincent, mit der Admiral
Jervis die spanische Übermacht in den Hafen von Kadix hinein=
zwang, einen Lichtblick gebracht und als Napoleons Zug nach
Ägypten Nelson Gelegenheit gab, bei Abukir dem Vernichtungs=
prinzip in der Schlacht auch taktisch wieder zum Siege zu ver=
helfen, da zeigte es sich, daß nicht die Unzulänglichkeit des See=
krieges an sich den Erfolg zurückgehalten hatte, sondern energie=
lose Führung. Die Vernichtung der Toulon=Flotte gab das
Mittelmeer in Englands Hand und Frankreichs bester Feldherr
war mit dem Heer, das Ägypten erobert hatte gefangen in
seiner Seeherrschaft. Da blieben denn auch die politischen Folgen
nicht aus. Die zweite Koalition gegen Frankreich, in der Öster=
reich und Rußland mit Neapel, Portugal und der Türkei sich
verbanden, war die unmittelbare Folge des englischen Seesieges.

Der zweite Koalitionskrieg, in dem auch eine im Interesse seiner Seemachtstellung mit russischer Hilfe von England unternommene Landung in Holland eine Rolle spielt, nahm für Frankreich zunächst keinen günstigen Verlauf. Die Landung in Holland mißglückte allerdings gänzlich, ihr Mißerfolg, bei dem Rußland sich von England in Stich gelassen glaubte, trug auch mit dazu bei, daß der Zar sich von dem Bündnis abwandte. Da gelang es Napoleon, sich der Bewachung der englischen Schiffe zu entziehen. Nach Frankreich zurückgekehrt stellte er sich durch den Staatsstreich vom November 1799 an die Spitze der Regierung und nachdem bei Marengo und Hohenlinden Österreich besiegt war, brachte der Frieden von Luneville im Februar 1801 Frankreich eine neue Erweiterung seiner Macht auf dem Kontinent. Das linke Rheinufer ging Deutschland verloren und Frankreich hatte sich mit einem Kranze ihm tributärer Staaten umgeben, die gezwungen waren, seiner Handels- und Zollpolitik folgend, England Schwierigkeiten zu bereiten. Die Gegnerschaft der beiden Staaten als Mittelpunkte der einander folgenden Kriegsbündnisse begann sich immer fester auszuprägen. Frankreich gelang es, als Erneuerung des antienglischen Bündnisses von 1780, das die Rechte Neutraler auf der See zur Zeit des amerikanischen Unabhängigkeitskrieges hatte wahren sollen, die bewaffnete Neutralität der Ostseemächte zusammenzubringen. Englands Krieg gegen Dänemark im Jahre 1801 lockerte den Bund, er zerfiel, als bald darauf der englandfreundliche Zar Alexander I. den Thron bestieg. Auch die Hoffnung, die Napoleon auf Spaniens Hilfe im Seekriege gesetzt hatte, erfüllte sich nicht. Mit eiserner Klammer der Blockade hielt der zum Earl von St. Vincent erhobene Besieger der spanischen Flotte nun auch Frankreichs Schiffe in Brest eingeschlossen und wie eine reife Frucht fiel Ägypten mit dem dort immer noch internierten französischen Heer England im Jahre 1801 in den Schoß. So trat das Inselreich jedem Erfolge Napoleons am Lande mit einem neuen Schachzug gegenüber, aber die Unmöglichkeit, den Gegner mit Waffengewalt nieder zu ringen, wie die Sehnsucht des englischen Volkes nach Ruhe brachte im März 1802 den Frieden von Amiens zwischen den beiden Staaten zustande. Der Minister Pitt, der seinen großen Vater nachstrebend die Geschicke Englands bisher geleitet hatte und dessen Plänen man folgte, als der Krieg wieder ausbrach, war vorher zurückgetreten. Es sollte sich bald zeigen, wie begründet sein Zweifel in die Sicherheit der französischen Friedensgarantien gewesen war.

Der Friede von Amiens, der durch Aufhören der Feindseligkeiten zwischen England und Frankreich eine Pause schuf in der Reihe der Napoleonischen Kriegszeit, war eigentlich nur ein Waffenstillstand zu nennen. Jeder der beiden Gegner hatte seine Machtsphäre erweitert, aber keiner war besiegt. Und doch konnte Napoleon erst seines Gewinnes sich freuen, wenn England, das im eigenen Lande und in seinem Seehandel durch die Flotte beschützt und den französischen Waffen unerreichbar war, aufhörte der Herd des Widerstandes, der Unterstützer jedes Bündnisses gegen ihn zu sein. Umgekehrt war Englands Handel trotz aller Machtstellung zur See bedroht, so lange eine den Kontinent immer mehr beeinflussende Macht ihm auf seinem Hauptabsatzmarkt Schwierigkeiten bereiten konnte. Von hier kam denn auch der Hauptanlaß zum neuen Kriege. Hohe Zölle, die fast einer Ausschließung englischer Waren gleichkamen, Rüstungen in den Häfen, denen der Krieg die Zufuhr von Schiffsmaterial nicht mehr verschloß, Nichtausführung der Friedensbedingungen von beiden Seiten — England gibt Malta nicht wieder heraus — führten schon im Mai 1803 den Bruch herbei und der Wiedereintritt William Pitts in das Ministerium zeigte den Umschwung der Ansichten in England. Auch rein militärische Überlegungen kamen hinzu. So lange eine streng gehandhabte Blockade, wie sie der Admiral Jervis der englischen Flotte gelehrt hatte, den französischen Schiffen im Kriege das Übungsfeld der See verschloß, blieb die überlegene Kriegstüchtigkeit der seegewohnten englischen Flotte erhalten. Der Friede aber gab der französischen Flotte eine Bewegungsfreiheit, die sie zu einer um so größeren Kriegsdrohung werden ließ, je länger er dauerte und die Entscheidung hinausschob.

Noch herrschte Ruhe auf dem Kontinent, wo nach dem Frieden von Luneville durch den Reichsdeputationshauptschluß zu Regensburg unter der Mitwirkung von Rußland die Besitzverhältnisse neu geregelt worden waren, als die beiden hartnäckigsten Kämpfer wieder in die Arena traten, und während Napoleon mit Annahme der Kaiserwürde seine Person und sein

Reich mit neuem äußeren Glanz umgab, schloß sich der Ring der englischen Blockade um die seiner Herrschaft unterworfenen Staaten. Denn anders als die erste Kriegsperiode begann dieser Abschnitt des Krieges und zum ersten Male in der Geschichte des Seekrieges sehen wir hier die Blockade als Operationsform im großen angewandt. England nahm durch Aufstellung seiner Flotten vor den feindlichen Kriegshäfen — d. h. durch die Kriegsblockade — die See von vornherein für sich in Beschlag und ergänzte diese Aufstellung durch Abschließung der französischen Küsten für den neutralen Handel — d. h. durch die Handelsblockade. So deckte es sich gegen Flottenzusammenziehungen, die eine Invasion in England hätten vorbereiten können, und gegen Ausfälle des Feindes zum Angriff auf seinen Handel, es schädigte Frankreichs Wohlstand unter Förderung des eigenen und mit Hintenanhaltung des Handels der Neutralen.

Diese englischen Maßnahmen waren, wenn man von der Schädigung des französischen Wirtschaftslebens durch die Blockade absieht, alle defensiv und ich möchte solche Art der Kriegführung die Verteidigung der See nennen, Napoleon aber hatte Angriffspläne. Im Lager von Boulogne wurde ein Invasionsheer gebildet, an der ganzen Kanalküste Transportmaterial gesammelt und eine Zusammenziehung von Flottenteilen in Westindien war geplant, die dann in einer Hand vereint von dorther mit Übermacht im Kanal erscheinen und die Landung decken sollten. Aber für Ausführung dieser Pläne mußte mit bestimmten Verhältnissen auf dem Kontinent gerechnet werden und beide Gegner waren eifrig am Werke, um diese Verhältnisse in ihrem Sinne zu gestalten. Noch standen England und Frankreich sich allein gegenüber, die anderen Staaten waren neutral, aber je länger der Streit dauerte, desto mehr zwang er die übrigen zu einer Stellungnahme, die aus dem Rahmen der Neutralität herausfiel, die aus den Neutralen Bundesgenossen machen mußte oder Feinde und es ist interessant, an einigen Beispielen sich klar zu machen, wie verschieden die Dinge lagen je nach der Stellung der einzelnen Staaten zum Lande und zur See.

. Wie verschieden waren die Beziehungen von Holland und Spanien zu Frankreich und England? Ersteres, dem Namen nach als batavische Republik selbständig, war für Frankreich militärisch leicht in Abhängigkeit zu halten, es flankierte die Angriffsposition gegen England und sein Besitz schloß die nächste

Einfallspforte des englischen Handels zum Kontinent. Es wurde daher von Frankreich zur Bundesgenossenschaft gezwungen. Spanien war entlegener, seine militärische Überwachung und Angliederung an Frankreich hätten Truppenverwendung an einer von dem Kriegsschauplatz im Herzen Europas weit entfernten Stelle erfordert. Spanien war daher für Frankreich mehr wert, wenn es neutral blieb, mit freien Handelswegen über See und dadurch imstande, den Tribut von 6 Millionen Francs im Monat zu zahlen, den Napoleon ihm auferlegte. Es diente außerdem nach einer geheimen Konvention als Reparaturstätte französischer Kriegsschiffe und Rückzugsgebiet für französische Prisen. England konnte diesen Zustand nicht lange ertragen, es unterbrach gewaltsam Spaniens Seeverbindungen und am Ende des Jahres 1804 erklärte dieses ihm den Krieg.

Englands Überlegungen über Bundesgenossen und Neutrale waren anders. Napoleon konnte nur wagen, ein Invasionsheer über den Kanal zu führen, wenn er auf dem Kontinent den Rücken frei hatte. Jeder ihm dort aufgezwungene Landkrieg deckte England, zehrte an Frankreichs Wohlstand und unterstützte so die Mittel der englischen Seekriegführung, die auf finanzielle Erschöpfung des Gegners gerichtet waren. Neutrale Landstaaten nutzten England, wenn sie als Absatzmarkt seinem Handel offen standen; neutrale Seestaaten, die ihren Teil am Seeverkehr beanspruchten, hätten ihm nur geschadet. Denn England wollte die See für sich haben und es brauchte sie auch für sich allein, wenn es die finanziellen Lasten des Krieges weiter tragen und die Überschüsse erzielen wollte, die nötig waren, um auch seinen Verbündeten das Kriegführen möglich zu machen. So greifen hier wirtschaftliche und militärische Fragen ineinander, die Zeit der Kontinentalsperre bereitet sich vor. Napoleon begann — wir sehen es am Beispiel Spaniens — zu überlegen, ob die Ausbreitung seiner militärischen Beherrschung des Kontinents nicht mehr Nachteile brächte als Vorteile. England nahm, wenn auch mit schwerem Bedenken, die Gegnerschaft der spanischen Flotte, die ihm unbequeme Verlängerung der zu blockierenden Küsten, ja die nun entstehende Verschließung auch des spanischen Absatzmarktes dafür in den Kauf, daß ihm Gelegenheit geboten wurde, dem Gegner weitere finanzielle Hilfsquellen zu unterbinden — aber jeder von beiden drängte den anderen vorwärts auf der betretenen Bahn.

Das Jahr 1805 sollte eine vorläufige Entscheidung bringen. Im Laufe des Sommers war es England gelungen, ein neues Kriegsbündnis gegen Napoleon zustande zu bringen und weiteres Vorschieben der französischen Einflußsphäre auf dem Kontinent erleichterte Englands Verhandlungen. Rußland und Schweden waren schon im Frühjahr gewonnen worden, als Napoleon sich dann im Mai zum König von Italien machte und im Juni Genua besetzte, fühlte sich Österreich in seinem italienischen Besitz bedroht und trat in das Bündnis ein. Noch war der Krieg nicht erklärt, noch waren die Heere nicht aufmarschiert, die Frankreich angreifen sollten, aber die Invasionsgefahr für England war wohl im August 1805 schon vorüber, es war nur eine Frage der Zeit, wann die bei Boulogne vereinten Truppen nach dem Südosten abmarschieren würden, den neuen Feinden entgegen.

Unterdessen hatten die französischen Flottenbewegungen begonnen, die, von Napoleon zur Besiegung Englands geplant, zur Katastrophe von Trafalgar führen sollten. Um die sich hier vorbereitenden Ereignisse richtig zu verstehen, muß man sich den Zweck der englischen Aufstellung vor den französischen Häfen — der Kriegsblockade, wie ich es nenne — vergegenwärtigen. Die Aufgabe dieser Geschwader konnte es nicht sein, die französischen Schiffe mit absoluter Sicherheit im Hafen festzuhalten, sie waren auch nicht an allen Stellen von solch einer Stärke, daß die Vernichtung des ausbrechenden Feindes sichergestellt gewesen wäre, aber sie hielten die einzelnen Teile zunächst getrennt, sie hatten Aussicht, mit ihnen Fühlung zu gewinnen gleich im Anfang ihrer Operation und dann den Umständen nach zu handeln. Wir werden sehen, mit welchem Erfolge sie dies taten.

Am 11. Januar war aus Rochefort ein Geschwader nach Westindien ausgebrochen, am 17. Januar gelang es Villeneuve, der Bewachung Nelsons in Toulon sich zu entziehen und im Anfang April, durch spanische Schiffe verstärkt, Cadix auf dem Wege zum Rendezvous zu verlassen. Nelson, teils durch Nachrichten, die er erhielt, teils durch eigene Erwägungen geleitet, folgte der Toulon-Flotte nach Westindien. Die beiden Gegner haben sich dort nicht gesichtet, aber durch die Beobachtung der Engländer beunruhigt, brach Villeneuve wieder nach Europa auf, ohne den zweiten Hauptteil, die französische Brest-Flotte, abzuwarten, die, im Hafen streng überwacht, nicht gewagt hatte, in See zu gehen. Noch war, von dort aus betrachtet, das Spiel nicht verloren, noch hätte der Weg zum englischen Kanal Villeneuve offen gestanden, aber wer die geschichtliche Entwickelung der französischen Seekriegführung kennt, wird nicht darüber erstaunt sein, daß die französischen Flottenführer versagten, wo es sich um kühne Angriffsbewegungen handelte, die mit Vernichtung enden konnten. Auf dem Wege nach einem spanischen Hafen wurde Villeneuve, dessen Rückkehr nach Europa ein schnellsegelndes Nachrichtenschiff Nelsons der englischen Admiralität rechtzeitig gemeldet hatte, bei Kap Finisterre von einem Geschwader, dessen Schiffe der Blockadeflotte entnommen waren, am 22. Juli angegriffen. Nach einem unentschiedenen Gefecht lief er in Coruña ein, noch unbesiegt aber schon damals kaum mehr imstande zu siegen. Napoleon erhielt die Nachricht von diesen Vorgängen im Lager von Boulogne am 8. August, einen Tag bevor das Bündnis mit Österreich die dritte Koalition vollständig machte. So waren die Tage vom 22. Juli bis zum 9. August kritische Tage für Land und See, aber wenn man erwägt, daß der größte Teil der Armee von Boulogne am 24. September schon am Rhein stand, um verbunden mit Hessen, Württembergern und Bayern gegen Österreich zu fechten, so wird man den Befehl an Villeneuve, auszulaufen und zu schlagen, nicht mehr als Vorbereitung der Invasion von England ansehen. Hierzu hatte Napoleon, als er ihn erließ, wohl schon nicht mehr freie Hand. Doch auch jener Befehl wurde nicht ausgeführt. Am 15. August drehte Villeneuve nach Cadix um, wurde dort zunächst bewacht, am 21. Oktober aber auf dem Wege nach dem Mittelmeer bei Trafalgar von Nelson angegriffen und gänzlich geschlagen. Der dritte Koalitionskrieg aber, der mit aus der Invasionsdrohung gegen England entstanden war, endete nach der Schlacht von Austerlitz im Dezember 1805 für Österreich mit dem Frieden von Preßburg, der ihm schweren Länderverlust brachte. England, Rußland und Schweden blieben im Kriege mit Frankreich.

Die Schlacht von Trafalgar gab die See gänzlich in Englands Besitz und schloß jede Invasionsgefahr für die Zukunft aus. Während Napoleon als Frucht seiner Landsiege durch Schaffung des Rheinbundes und die Isolierung von Preußen die französische Einflußsphäre auf dem Kontinent erweiterte und weitere Erfolge vorbereitete, begann England die Ernte der nunmehr erfochtenen Seeherrschaft unter Dach zu bringen. Sein Kolonialbesitz erweiterte sich beständig, sein Handel beherrschte alle Meere und schnell formte es sich zu einem Industriestaat um, da es, im eigenen Lande von den Kriegsstürmen durch seine Flotte beschützt, als erster Staat den Maschinenbetrieb einführen und damit die Textilindustrie zum Großbetriebe ausgestalten konnte. Da vollendete die Besiegung von Preußen und Rußland, der der Frieden von Tilsit folgte, die französische Beherrschung des Kontinents. Alle Anstrengungen des französischen Kaperkrieges hatten nicht vermocht, Englands Handel auf der See ernstlich zu schädigen zu der Zeit, da die Kriegsdrohung der Schlachtflotte ihnen noch einen Rückhalt boten. Nach Trafalgar waren diese Bemühungen völlig aussichtslos, aber neue Waffen schmiedete Napoleon aus der Beherrschung des Landes. Jede Erweiterung seines Besitzes hatte er benutzt zur Erschwerung des englischen Handels, jetzt wurde dies in ein System gebracht durch Errichtung der Kontinentalsperre.

England konnte mit seiner Flotte zwar die Handelswege über See und seinen Kolonialbesitz schützen, die Erschließung der Absatzmärkte auf dem Kontinent konnte allein der Landkrieg bewirken, d. h. für England der Krieg seiner Verbündeten. Aber dem Tyrannen des Landes trat der Tyrann der See entgegen. England beantwortete das Berliner Dekret Napoleons, das englischen Waren den Kontinent verschloß, damit, daß es erklärte, nur solchen neutralen Schiffen den Eingang in die kontinentalen Häfen gestatten zu wollen, die über England kämen und von denen es dort Zoll erhob.

Eine ausführliche Schilderung der verwickelten Verhältnisse, die in der Zeit der Kontinentalsperre daraus entstanden, daß jeder der beiden Gegner unter Nichtachtung der Rechte dritter den anderen überbot, ist hier unmöglich, ich will nur versuchen, sie auf eine möglichst kurze Formel zu bringen. Schon die einfache Handelsblockade ist eine zweischneidige Maßregel, d. h. nicht nur das von der See abgeschnittene Land wird geschädigt, sondern der Blockierende schneidet sich auch in sein eigenes Fleisch, wenn er den Handel mit einem Lande unterbindet, mit dem er im Frieden im lebhaften Güteraustausch stand. Hier war nun die von England verhängte Blockade der französischen Küsten, mit der der Kampf um den Handel begann, überboten worden durch die Absperrung des ganzen, im Kriege gegen England doch eigentlich neutralen Kontinents. Und als England den neutralen Schiffen — auch die amerikanische Flagge hatte sich unter diesen Verhältnissen lebhaft an dem Zwischenhandel in den europäischen Gewässern beteiligt — den Weg über seine Zollhäuser aufzwang, schloß Napoleon auch solche neutrale Schiffe aus, die von England kamen. Die Frage, die damals zur Entscheidung stand, lautete also: **Ist das europäische Festland abhängiger von der Seezufuhr als England vom europäischen Absatzmarkt**, oder ins Militärische übersetzt: **Kann ich das Land von der See her beherrschen oder die See vom Lande aus?** Diese Fragen hat der Krieg zwar nicht beantwortet, die Entscheidung brachte nicht die Kontinentalsperre und nicht die Blockade, sie fiel auf andere Weise, aber nun wird der von mir in der Einleitung zu diesem Kapitel aufgestellte Satz besser verständlich sein: Während England imstande war, den Neutralen auf der See seinen Willen aufzuzwingen, wurde Napoleon von den Neutralen im Landkriege erschlagen.

Das Bestreben, den ganzen Kontinent gegen England auszuspielen, ist entstanden aus Frankreichs Machtlosigkeit auf der See, es ist also eine Folge der englischen Seesiege und wenn auch schließlich der Landkrieg die Entscheidung brachte, so hat doch der Seekrieg sein Teil dazu beigetragen, indem er Napoleon vorwärtsdrängte auf der einmal betretenen Bahn, die schließlich zu dem unheilvollen Kriege gegen Rußland führte. Zunächst aber galt es, zwei Lücken zu schließen, die in der Absperrung bestanden: Dänemark und Portugal. Auf beiden Stellen zeigte England, wie der Landkrieg auch mit geringen Mitteln gegen einen mächtigen Gegner geführt werden kann, wenn die Beherrschung der See ihm das Kriegstheater bereitet.

Dänemark, von Napoleon zur Teilnahme an dem Kontinentalsystem aufgefordert, hatte sich bisher weder für noch gegen England entschieden. Durch die Zwischenstellung zwischen See und Land, die sein Festlands- und sein Inselbesitz ergab, durch seine Lage am Eingang zur Ostsee, deren Wichtigkeit für den englischen Handel wuchs, je fester Napoleon die Nordseeküsten in seine Hand bekam, konnte es zu der Entscheidung wohl mitwirken. Zudem war es der einzige europäische Staat, der durch

den Besitz einer wehrhaften Flotte für den Seekrieg noch in
Betracht kam. Da entschloß sich England zum schnellen Zufassen
und Dänemarks Bestreben, sich seine Neutralität zu wahren —
es hatte den größten Teil seiner Truppen zur Sicherung von
Jütland verwendet — erleichterte ihm sein Vorhaben. Ohne
Kriegserklärung lief eine englische Flotte, der Truppentransporter
folgten, von Norden her in den Sund ein, andere Schiffe sperrten
den großen Belt und sicherten die Überführung schwedischer
Hilfstruppen von Stralsund und Rügen her. Zugleich wurde
an Dänemark, dem man nicht die Kraft zutraute, sich der französischen Aufforderung zur Teilnahme an der Kontinentalsperre
zu entziehen, das Ansinnen gestellt, seine Kriegsflotte England
„in Verwahrung" zu geben. Der Weigerung des dänischen
Kronprinzen, der die Regierung führte, sich solcher Forderung
zu fügen, folgte die Landung der Truppen auf der durch englische Schiffe von der Welt abgeschlossenen Insel Seeland, die
Einschließung und Beschießung der Hauptstadt und vor den
Augen des von französischen Waffen beherrschten Kontinents
entführte England seine Beute: die dänischen Kriegsschiffe wurden
fortgeführt und dazu noch eine ganze Reihe von Transportern
mit Schiffbaumaterialien und Vorräten beladen. Dänemark war
aus einem Neutralen zum Feinde Englands geworden, aber die
Möglichkeit, ihm auf der See Schwierigkeiten zu bereiten, war
ihm durch Fortführung der Flotte genommen und die Besetzung
der bisher dänischen Insel Helgoland gab England einen sehr
erwünschten Stützpunkt in der deutschen Bucht der Nordsee.

Die dänische Episode von 1807 hat eine entscheidende
Rolle nicht gespielt; wenn ich auf sie etwas näher eingegangen
bin, so ist dies geschehen, weil sie gewöhnlich unrichtig geschildert
und dem Unternehmen gegen Kopenhagen im Jahre 1801 gleich-
gestellt wird. Kriegsgeschichtlich interessant sind diese beiden
Unternehmungen aber gerade dadurch, daß sie, entsprechend den
verschiedenen Vorbedingungen, das gleiche Ziel auf ganz verschiedene Weise erstreben und dadurch lehrreich werden für das
Zusammenwirken von Heer und Flotte. In beiden Fällen wollte
man Dänemark zum Nachgeben zwingen durch Angriff auf seine
auf der Insel Seeland liegende Hauptstadt. Als England es
im Jahre 1801 von dem durch die Übergriffe Englands gegen
Neutrale entstandenen Bunde der bewaffneten Neutralität losreißen
wollte, hatte Dänemark alle seine Truppen verfügbar. Seinen

Der Krieg in Spanien.

Gegner mit Heeresmacht im eigenen Lande anzugreifen, wäre ein Unternehmen gewesen, dem England um so weniger gewachsen war, als damals schon von Vorbereitungen zu einer Invasion in England die Rede und die französische Hauptflotte noch unbesiegt war. So wurde denn ein Angriff von See her unternommen, den Nelson unter Niederkämpfung aller Hindernisse so weit vortrieb, daß Kopenhagen dem Feuer seiner Kanonen offen lag. Da gab die dänische Regierung nach. 1807 lag die Sache anders. Dänemarks Bestreben, seine Neutralität gegen Frankreich zu wahren, hatte zur Aufstellung des Heeres in Jütland, zur Entblößung der Insel Seeland von Truppen geführt. So gelang es England, den Kriegsschauplatz mit der Flotte nach außen abzusperren und, wie so oft im Kolonialkriege, mit Hilfe der Seeherrschaft eine lokale Überlegenheit für den Landkrieg herzustellen, die dann schnell die Entscheidung brachte. Die Flotte, die 1801 die Arbeit allein tun mußte, war hier nur Mittel zum Zweck, leistete direkte Hilfe aber nur an den Stellen, wo der Landangriff gegen die dänische Hauptstadt mit seinen Flügeln an die Küste stieß.

Anders in der Form und bedeutender in seinen Folgen war was in Portugal geschah. Dieses Land hatte in ähnlicher Weise, wie ich es früher für Spanien besprochen habe, gegen Zahlung recht bedeutender Gelder von Napoleon bisher die Erlaubnis erhalten, neutral zu bleiben und hier hatte England trotz der Einnahmen, die seinem Feinde daraus erwuchsen, nichts einzuwenden gehabt. Portugals Handel, soweit man davon sprechen konnte, war damals schon fast ganz in Englands Hand, zudem war ihm das Land ein willkommener Stützpunkt für seine Flotte und eine Eingangspforte für seinen Handel, deren Bedeutung wuchs, je mehr der Kontinent sich ihm verschloß. So kam der Umschwung hier von der anderen Seite. Als Portugal von Napoleon aufgefordert, England seine Häfen zu schließen, sich weigerte, rückte ein französisches Heer unter Junot ein und nahm das Land in Besitz. Aber auch nach Spanien wurden französische Truppen entsandt, um es fester an Frankreich anzugliedern und ihm in Joseph, dem Bruder Napoleons, ein neuer König gegeben. Da empörte sich das spanische Volk und rief England zu Hilfe, den einzigen Staat, dessen Heere auf der von ihm beherrschten See Spanien erreichen konnten, ohne die französische Machtsphäre zu durchschreiten und denen der Rückzug frei stand, wenn ihre Kraft nicht ausreichte, um sich Napoleon gegenüber zu behaupten. Die Kapitulation von Cintra, in der das von der Verbindung mit der Heimat abgeschnittene und von einem englischen Heer an die See gedrängte Korps Junots sich ergab, und die von Baylen, wo 20 000 französische Truppen vor spanischen Milizen die Waffen streckten, waren die ersten Folgen und der hier mit Hilfe der Seeherrschaft fern im Süd= westen geschaffene Kriegsschauplatz sollte Napoleon immer un= bequemer werden, jemehr die Tyrannei des Kontinentalsystems im Nordosten die Feindschaft gegen die französische Fremd= herrschaft verschärfte.

So konnte Englands Landkriegführung in Spanien — auch hier wurde der Krieg mehr mit Geld als mit Menschen geführt, d. h. mehr mit Ausländern in Englands Sold als mit Landeskindern — zum Rückhalt des Widerstandes gegen Napoleon werden, zu einer Wunde, die nicht vernarbte. Aber wie ihre Entstehung schon mit wirtschaftlichen Dingen zusammenhing, so wollte England sie auch weiter zum Vorteil für seinen Handel benutzen und schuf sich Schwierigkeiten durch dieses Bestreben. Die Verhältnisse auf der spanischen Halbinsel geben auf engem Raum ein Bild des die Welt umfassenden militärisch=wirtschaft= lichen Streites zwischen England und Frankreich. Um der englischen Kriegführung zur See und dem englischen Handel Schwierigkeiten zu bereiten war Napoleon nach Spanien gegangen und dort fand er den ersten Widerstand im Landkriege, den er nicht niederringen konnte. Zum Kampf gegen Frankreichs Heer hatte England seine Truppen nach Spanien gesandt, aber was es als Preis für seinen Beistand zur Entlastung seines schwer darniederliegenden Handels von Spanien verlangte, den freien Verkehr mit den spanischen Kolonien, das wurde nicht erreicht und diese Forderung entfremdete ihm den neuen Bundesgenossen so, daß ein fester Zusammenschluß gegen den gemeinsamen Gegner nicht zustande kommen konnte. Immer ungeduldiger wurde man in England über diesen Krieg, der das nicht erreichte, was der Handelsstand erwartet hatte, und durch die Millionen, die er verschlang nicht hineinpaßte in das System der englischen Krieg= führung, die der Bankier seiner Bundesgenossen sein, das Geld dazu im nährenden Seekrieg verdienen, den zehrenden Landkrieg aber ihnen überlassen wollte. Es ist das Verdienst Wellingtons, daß er, mit zäher Energie den Widerstand in der Heimat be=

Die Beendigung des Krieges.

zwingend, das Land beinahe gegen seinen Willen an diesem Kriege fest hielt zu einer Zeit, da Englands wirtschaftliche Lage auf das äußerste bedroht war. Denn sein Handel und seine Industrie waren durch die Kontinentalsperre in eine immer bedrängtere Lage gekommen, das Land drohte an Überproduktion industrieller Erzeugnisse und an steigender Einfuhr von Kolonialprodukten zu ersticken, da der Absatz stockte. Und doch sollte es Mittel schaffen zur Fortführung des Krieges und zur Werbung von Bundesgenossen, deren Wohlstand es selbst untergraben hatte durch Schaffung von Monopolen, die jetzt wertlos zu werden schienen.

Da waren dann die die Einsichtigeren, die den Zeitpunkt für gekommen erachteten, um den auf den Handel, Industrie und Finanzkraft fußenden indirekten Mitteln des Seekrieges, den direkten Angriff auf den Gegner im Landkriege hinzuzufügen. Englands Kriegführung in Spanien konnte Napoleon nicht besiegen, aber sie hat doch den Umschwung vorbereiten helfen und neue Kriege entstehen lassen. Österreichs Feldzug von 1809, der bei Aspern den ersten Sieg über ein von Napoleon selbst geführtes Heer brachte, um dann in der Niederlage von Wagram jäh zusammenzubrechen, fand eine Stütze im spanischen Kriege. Dann brachte, durch weitere Gewaltmaßregeln veranlaßt, die Napoleon zur Absperrung des Kontinents für nötig hielt, der Umschwung von Rußlands Stellung die Entscheidung auf allen Gebieten. Die Öffnung der russischen Häfen für den freien Verkehr riß eine gewaltige Lücke in das System seines Handelskrieges gegen England. Sie kam zur rechten Zeit, denn sie konnte zum Teil ersetzen was dieses Land gerade damals in Amerika an Absatzmärkten dadurch verlor, daß es durch Gewaltmaßregeln auf der See die Vereinigten Staaten zur Kriegserklärung gegen sich getrieben hatte. Napoleons Feldzug gegen Rußland, der ihn zwang, alle Kräfte dorthin zu dirigieren, hatte schon angefangen den spanischen Kriegsschauplatz zu entlasten, als aber der Brand von Moskau den Tyrannen des Landes zu dem verlustreichen Rückzug zwang, der dem unterdrückten Kontinent den Mut zum Kampfe gab, da kam der endgültige Umschwung. In wenigen Monaten war die spanische Halbinsel erobert und dem englischen Handel erschlossen.

Hinter den vorrückenden Heeren der Verbündeten öffnete sich dann der kontinentale Markt dem englischen Kaufmann wieder, auch der Krieg um den Handel war beendet durch die Arbeit, in die der Landkrieg und der Seekrieg sich geteilt hatten. Ohne die Hilfe der englischen Seeherrschaft und des Geldes, das der Seekrieg hatte erwerben helfen, wäre es dem Festlandsmächten vielleicht nie gelungen, sich vom Joche der Fremdherrschaft zu befreien, aber ohne das im Landkriege vergossene Blut seiner Verbündeten hätte England die schwere Handelskrise, die die Kontinentalsperre ihm brachte, wohl nie überwinden können, es wäre zum Frieden gezwungen worden, ohne mit Waffengewalt besiegt zu sein.

Die Zeit der Napoleonischen Kriege hat für England das gebracht, was dieses Land in jahrhundertelangem Streben zu erreichen bemüht war: Die Herrschaft über die See. So wurden diese Kriege zu einem Höhepunkt in der Geschichte des Seekrieges wie in der des englischen Volkes und wir werden, wenn wir im letzten Kapitel zur Besprechung der heutigen Verhältnisse übergehen, erkennen, wie lange es gedauert hat, bis andere Völker imstande waren, sich auf der See und in dem Teil des Wirtschaftslebens, der direkt oder indirekt mit der See zusammenhängt, neben England wiederum eine Stelle zu erringen.

Die englische Kriegführung jener Zeit war bedingt durch die Besonderheit des Seekrieges, durch die geographische Lage des Landes und durch die geschichtliche Entwickelung seines Wirtschaftslebens. Kriegführen und Geldverdienen gingen in ihr nebeneinander her, wie sie das in den englischen Kriegen stets getan hatten, das Verhältnis zwischen ihnen nahm aber dadurch noch eine besondere Gestalt an, daß in den gegen Frankreich gerichteten Bündnissen der Seekrieg bestrebt war, sich möglichst frei neben den Landkrieg zu stellen. Dies trat um so deutlicher hervor, seit mit dem Siege von Trafalgar das eigentliche Kriegführen auf der See beendet war und es sich nur noch um Ausnutzung der Seeherrschaft handelte. Zum Teil bestand diese Ausnutzung ja im Landkriege, also in der Fortsetzung der auf der See begonnenen Offensive zur Niederwerfung des Gegners mit Waffengewalt. Der englischen Landkriegführung waren aber Grenzen gesetzt, einmal durch die unzureichende Rüstung dafür, dann aber vornehmlich dadurch, daß Geldverdienen und Landkrieg sich schlecht miteinander vertragen und daß daher einflußreiche Kreise in England die Ausnutzung der Seeherrschaft für Förderung des Handels, der Kolonialwirtschaft und der Industrie bei weitem den Vorzug gaben. Ich werde noch davon zu sprechen haben, daß diese Art der Kriegführung zum Teil auf Kosten derer ging, die mit England im Bunde standen, und wie sie neben der Erreichung des Kriegszwecks auch dazu diente, dem durch seine Insellage gewissermaßen zu einer höheren Potenz erhobenen Seestaat England auch für die Zukunft Vorteile zu verschaffen. Wie man aber auch über diese Form der Fortsetzung des Krieges denken mag, daran, daß in der militärischen Erkämpfung der Herrschaft über das Meer hier das Höchste geleistet worden ist, was die Geschichte des mit Segelschiffen geführten Seekrieges kennt, das unterliegt keinem Zweifel und der strategische Gedanke für die Anlage der Operationen wie die taktische Durchführung des Kampfes um die Seeherrschaft verkörpern sich in der Person Nelsons. Der Erkenntnis folgend, daß die feindliche Flotte das Angriffsobjekt sei, hat er im Jahre 1748 zweimal das Mittelmeer durchmessen, bis er sie in der Bucht von Abukir fand, und seiner Fahrt nach Westindien im Sommer 1805 ist es zu danken, daß Villeneuve bei Trafalgar zur Schlacht gestellt werden konnte. Was gegen Ende des amerikanischen Unabhängigkeitskrieges Admiral Rodney taktisch erstrebte, die Konzentration der Kraft beim Ansetzen des Angriffs, das hat Nelson bei Abukir wie bei Trafalgar in vollkommenster Weise erreicht und hat es mit Hilfe der von ihm zu freier, freudiger Mitarbeiterschaft erzogenen Unterführer ausgenutzt zur Vernichtung des Feindes.

Aber trotz dieser vernichtenden Siege hat England an sich erfahren müssen, welche Grenzen dem Seekriege gezogen sind, eine wie unvollkommene Waffe er ist, wo nicht besondere Verhältnisse ihm erlauben, direkt oder indirekt hinüberzugreifen in das feindliche Land. Für das erstere reichten Englands Machtmittel nicht aus, es mußte sich für die Niederwerfung des Gegners im Landkriege auf seine Verbündeten stützen. Für das letztere genügte Frankreichs Abhängigkeit von der See nicht, auch dem durch die Schlacht von Trafalgar von der See abgeschlossene Frankreich konnte man den Frieden erst aufzwingen, als es im Landkriege besiegt war.

Der zweite Pariser Friede vom Jahre 1815 bestätigte was der Wiener Kongreß England zugesprochen hatte. Es behielt von den im Kriege eroberten französischen und holländischen Kolonien außer einigen Inseln in Westindien das Kapland, Mauritius und Ceylon und in den europäischen Gewässern Malta und Helgoland. Vergleichen wir diesen Zuwachs mit dem, was England etwa 100 Jahre vorher im Frieden von Utrecht erhalten hatte, so können wir allein daran schon erkennen, wie England aus einem der Seestaaten zu der die Welt beherrschenden Seemacht geworden war: der europäische Kontinent war von einer Reihe englischer Stützpunkte für den Seekrieg umstellt, der Weg nach Indien durch eine Kette allein von der Beherrschung der See abhängender Besitzungen gesichert, England konnte unter Ausschluß aller Konkurrenz an die Arbeit gehen, um das auszunutzen, was eine zehnjährige Seekriegsführung ihm eingebracht hatte.

Es gab in Europa keine Macht, die imstande gewesen wäre, England diesen Siegespreis streitig zu machen. Aber war man sich darüber klar, wie teuer man seine Bundesgenossenschaft bezahlte? Hatte man damals wohl erkannt, welche Rolle es in den Bündniskriegen gespielt hatte? „Die meisten sahen in England die Vorkämpferin der Unabhängigkeit Europas. Half es nicht indem es die aufkeimende Seemacht Frankreichs und die Reste der Flotten Italiens, Spaniens, Dänemarks, Hollands zerstörte, dem übrigen Europa seine Ketten abschütteln?"[1]) Als der Siegesenthusiasmus verflogen war und ruhigere Überlegung eintrat, da änderte sich dieses Urteil. Goethe bezeichnete als einen besonders beachtenswerten Gewinn, den er aus der Lesung der Scottschen Geschichte Napoleons gezogen habe, die Erkenntnis, daß England nie für andere als englische Interesse eingetreten sei. Aus wenig späterer Zeit stammt ein militärisches Urteil, das, wenn auch unausgesprochen, das im Jahre 1835 erschienene Buch des Generals von Clausewitz „Vom Kriege" enthält. Der in vielen Beziehungen heute noch unerreicht dastehende Klassiker der Lehre vom Kriege faßt diese, von der Natur des Krieges an sich ausgehend und in philosophischer Gedankenentwickelung weiterbauend, zunächst ganz allgemein. Er kommt hierbei vielfach zu Grundsätzen, die sich

---

[1]) Friedrich Ratzel, Das Meer als Quelle der Völkergröße.

ohne weiteres auch auf den Seekrieg anwenden lassen, aber trotzdem er nirgends ausspricht, daß er sich auf die Besprechung des Landkrieges beschränken wolle, trotzdem er bestrebt ist, gerade das festzuhalten, was die Napoleonische Zeit an Lehren gebracht hat und seine Beispiele hauptsächlich aus ihr entnimmt, geht er am Seekriege wie mit geschlossenen Augen vorüber. Er erwähnt nichts von dem, was Englands Seeherrschaft direkt und indirekt für die Kriegführung im ganzen getan hat, er sagt nichts von den vielen Gelegenheiten, wo Landkrieg und Seekrieg zusammenwirkten. Nahm man das, was der Seekrieg leistete als etwas Selbstverständliches hin, oder war auch für einen Mann von so umfassendem und durchdringendem Geist wie Clausewitz der Landkrieg so sehr der Krieg par excellence, daß er den Seekrieg der Erwähnung nicht für wert hielt? Beinahe ein halbes Jahrhundert mußte vergehen, bis sich dies änderte. Welch ein Wechsel sich hierin vollzogen hat, können wir sehen, wenn wir einen Blick in die moderne Militärliteratur werfen. Ein Buch „Vom Kriege" könnte heute ohne Erwähnung des Seekrieges nicht mehr geschrieben werden.

Aber auch die Wissenschaft im allgemeinen wendet sich der See und dem Seekriege mehr zu und befähigt uns so, die Ereignisse der Vergangenheit in klarerem Lichte zu sehen und militärisch wie historisch zu einem richtigeren Urteil zu gelangen. Friedrich Ratzel hat der letzten Ausgabe seiner politischen Geographie den Untertitel „Geographie des Verkehrs und des Krieges" gegeben und bietet darin, abgeleitet aus der Natur des Meeres und des Seeverkehrs, auch wertvolle Anhaltepunkte für den Seekrieg. In der Beurteilung der Verhältnisse zur Zeit Napoleons kommt er in der zuerst von mir zitierten kleinen Schrift unserer Anschauung vom Seekriege am nächsten, wenn er die „schwerverständliche Doppelnatur der Seevölker" schildert, in der der höchste nationale Egoismus, dem das Meer freien Spielraum über die ganze Welt hin biete, gepaart sei mit dem weitesten Kosmopolitismus, die kleinlichste Gewinnsucht mit dem weitesten Verständnis für die Interessen der Allgemeinheit.

Wir sehen aus dieser kurzen Gegenüberstellung der Ansichten, wie die Beurteilung der Rolle, die England in den Bündniskriegen gegen Napoleon gespielt hat, wechselt. Der begeisterten Überschätzung in der ersten Zeit nach der Befreiung vom Joche der Fremdherrschaft folgt die Erkenntnis der egoistischen

Zwecke Englands und die Ignorierung des Seekrieges im militärischen Denken des Kontinents. Erst in neuester Zeit, da auch wir mit allen großen Völkern unserer Abhängigkeit von der See wie unserer Zugehörigkeit zu ihr uns wieder bewußt werden, wird der richtige Weg des Erkenntnisses beschritten: wir wollen Englands Handeln verstehen aus der Natur des Seevolkes heraus. Die Doppelnatur der Seevölker, von der Ratzel spricht, tritt uns auch im Seekriege gegenüber in der Mischung von Erwerbssinn und Kampfesmut. Wir verstehen sie erst recht, wenn wir uns ins Gedächtnis zurückrufen, eine wie unvollkommene Waffe der Seekrieg ist, weil er, an der Küste des Feindes angekommen, sich aus den Verhältnissen von Handel und Verkehr indirekte Waffen schmieden muß, wo der Sieg des Heeres nicht vollenden kann, was der Sieg der Flotte begann. Solch Seekrieg wird in der Hand eines Handels- und Industrievolkes von selbst die Gestalt annehmen, die wir hier kennen gelernt haben, die als Egoismus verurteilt, als nicht zum eigentlichen Kriege gehörig bei Seite geschoben wurde, die aber notwendig ist, um den Feind zum Frieden zu zwingen.

Aber selbst wenn wir solche Kriegführung, die den Merkurstab schwingt neben dem Dreizack der Seeherrschaft, als folgerichtige Fortsetzung der Friedenspolitik eines solchen Staates und daher als berechtigt anerkennen, wenn wir uns weiter nicht verschweigen, daß jeder Krieg der höchste Ausdruck von staatlichem Egoismus ist, weil er darauf ausgeht, mit Gewalt das Interesse des eigenen Staates dem seiner Gegner voranzustellen, so werden wir doch nicht billigen können, was England, damals wie in früheren Kriegen, unter dem Namen Kriegführen auch gegen seine Verbündeten sich erlaubte. Wenn solche Bahn des rücksichtslosen Voranstellens eigener Interessen einmal beschritten ist, so ist es allerdings wohl schwer, Grenzen zu ziehen, und auch die Kriegführung selbst wird geschädigt, wo diese Grenzen überschritten werden. Wir hören daher, wie Englands Führer im Seekriege wie im Landkriege ihre Stimme warnend erheben. Die Kommandostellen auf See wurden ganz verschieden eingeschätzt, je nach den Aufgaben, die zu lösen waren, und nach den Einnahmen, die sie brachten, und viele Millionen an Beutegeldern aus den als Prisen aufgebrachten Schiffen und den in den genommenen Kolonien eroberten Staatsgut sind in dieser langen Kriegszeit in die Tasche englischer See- und Landoffiziere geflossen. Nelson, der glorreichste Führer im Seekriege, hat sich nach Stellen nie gedrängt, wo mit Beutemachen Geld verdient wurde, er hielt die, auf denen gefochten wurde, für ehrenvoller und wichtiger. Er hat auch die Verzettelung der Schiffe im Handels= und Kolonialkriege verurteilt und neben der Anerkennung dessen, was auch hierin notwendig war, stets die Konzentration der Kraft zur Erringung der Seeherrschaft durch die Schlacht empfohlen. Wellington, dessen Bestrebungen darunter zu leiden hatten, daß man dem spanischen Verbündeten in seiner Not Handelsvorteile abringen wollte, schrieb an seinen Bruder, der Gesandter Englands bei der Zentral-Junta war: „Ich hoffe die spanische Regierung wird die Festigkeit haben, der Forderung des freien Handels mit den Kolonien zu widerstehen. Wir haben kein Recht, eine derartige Forderung zu stellen, und daß wir es tun, ist der gröbste Unverstand. Ich möchte aber wohl fragen, ob es weise edel oder gerecht ist, daß wir die Macht und die Hilfsquellen unserer Verbündeten zerstören und sie absolut zugrunde richten, um das Geld, das bisher in ihren Staatsschatz floß und jetzt auf militärische Leistungen gegen den gemeinsamen Feind verwendet werden würde, in die Taschen unserer Kaufleute zu spielen." Aber gerade hierin liegt das Entscheidende. Mir liegt es fern, Englands Verdienst herabzusetzen, ich will auch nicht behaupten, daß Englands Verhalten in den Napoleonischen Kriegen bewußt darauf ausging, alle Mitbewerber auf dem Gebiet des Handels und der Industrie durch die Form seiner Kriegführung zugrunde zu richten, aber mit eine Folge seiner Handlungsweise ist es gewesen, daß nicht nur der Feind geschädigt wurde, sondern auch seine Verbündeten. Im letzten Teil unserer Besprechung, der sich mit den heutigen Weltwirtschaftsstaaten beschäftigen soll, werde ich das durch die Napoleonischen Kriege geschaffene Verhältnis Englands zu den übrigen Staaten zum Ausgangspunkt nehmen.

III. Die Beeinflussung der wirtschaftlichen Verhältnisse durch die Seeherrschaft der Nordstaaten im amerikanischen Sezessionskriege. (1861—1865.)

Das Meer ist eine überall gleichartige, in sich geschlossene Fläche. Auf ihm gibt es außer der Entfernung kein Hindernis als den Feind, ist dieser überwunden, so gehört das ganze Operationsfeld des Seekrieges dem Sieger. Dadurch wird das Meer der Schauplatz großer Entscheidungen von einer Stelle aus. So war es bei Trafalgar und die richtige Erkenntnis von dieser Wichtigkeit der Schlachtentscheidung macht Trafalgar zu einem Höhepunkt in der geschichtlichen Entwickelung des Seekrieges. Auch Stellungsbenutzung im Sinne des Landkrieges, d. h. Ausnutzung der örtlichen Beschaffenheit des Kampffeldes zur Erreichung taktischer Vorteile, kann es auf der überall gleichen Fläche der See nicht geben und Deckung gegen feindliche Gewalt gibt dort nur die eigene Stärke. Wer dem Feinde an Kampfkraft nicht gewachsen ist, kann auf See also auch an abschnittsweise Verteidigung geeigneter Punkte nicht denken, an zeitweiliges Standhalten zur Deckung des Rückzuges nur unter Aufopferung der dazu bestimmten Streitkräfte. Denn taktische Defensive, die den Gegner zum stärkeren Verbrauch an Kraft zwingt unter Schonung der eigenen, ist im Landkriege ja eigentlich auch nur möglich, wo das Gelände dazu Gelegenheit bietet, sie ist gebunden an den Begriff der Stellung. So wird der Rückzug auf der geländelosen See in den meisten Fällen zur Flucht bis in den schützenden Hafen.

Diese Beschaffenheit der See als Kampffeld, die den Gegner zur Räumung des Operationsfeldes zwingt, wo er nicht siegen kann, läßt den Wert der in den Flotten repräsentierten Kampfkraft klarer hervortreten, als dieses für die Heere im Landkriege der Fall ist, weil sie ihn loslöst von dem Begriff der Stellung. Die hier geschilderten Verhältnisse wirken aber auch auf Vereinfachung der Aufgabe hin, die dem Taktiker in der Schlacht gestellt wird. Der Gewinn, den sie bringen soll, liegt seltener darin, daß man den Gegner aus einer bestimmten Stellung vertreibt, die taktische Aufgabe der Schlacht ist eigentlich überall dieselbe: so viele Schiffe des Gegners erschlagen wie möglich, den Rest aber von der See vertreiben. Auch hierin stellt die Schlacht von Trafalgar einen Höhepunkt dar. Von den 33 französisch=spanischen Schiffen, die hier vereinigt waren, hat keines in diesem Kriege wieder mitgefochten.

Ein ganz anderes Bild zeigt der Krieg, der uns als Beispiel der Weiterentwickelung des Seekrieges hier beschäftigen soll. Dort weltumspannende Pläne, weit ausholende Flottenoperationen, bis mit der Schlacht über die Seeherrschaft entschieden war und der Sieger freie Hand bekam zur Ausnutzung des Gewonnenen. Hier im Sezessionskriege hat es einen Kampf um die Seeherrschaft überhaupt nicht gegeben, er war von Anfang an ein Küstenkrieg. Ehe ich dazu übergehe, ihn zu schildern, muß ich aber noch kurz darstellen, wie sich seit der Glanzzeit der Segelschiffsflotten in den Napoleonischen Kriegen die Waffen des Seekrieges umgestaltet hatten.

Entscheidend für diese Umgestaltung wurde die Einführung des Dampfes als Motor und der Kampf zwischen Panzer und Artillerie, der der Erfindung der Bombenkanonen folgte. Die Unabhängigkeit vom Winde gab den Schiffen die freie Beweglichkeit wieder, die sie zur Zeit der Ruder gehabt hatten. Auch in anderer Beziehung schienen sich zuerst Ähnlichkeiten zu ergeben, denn die Anwendung der Schaufelräder zur Übertragung der Dampfkraft auf das Schiff gab diesem wieder verletzliche Seiten und verhinderte den Einbau langer durchgehender Batterien. Es hätten sich hieraus vielleicht taktische Verhältnisse ergeben können, die denen der Ruderschiffsperiode sich näherten, aber die Räder wurden bald durch die Schraube abgelöst und damit war das alte Verhältnis wieder hergestellt. Die Kampfkraft der Schraubenschiffe lag in der Breitseite, die Kiellinie wäre auch für sie die artilleristisch gegebene Formation gewesen. Im Jahre 1838 war der erste größere Schraubendampfer für die englische Kriegsflotte gebaut worden, der Übergang vom Segelschiff zum

Schrauben-Linienschiff vollzog sich dann ziemlich einfach, aber die Neuerung war noch nicht völlig durchgeführt, als der Krimkrieg begann. Da brachte die Vernichtung der türkischen Flotte durch die russischen Bombenkanonen in der Schlacht von Sinope und die schweren Beschädigungen und Menschenverluste, die die Schiffe der Alliierten bei Beschießung der ebenfalls mit diesen Geschützen armierten Werke von Sebastopol erlitten, die zweite wichtige Änderung: den Panzer. Den wenig seefähigen französischen Panzerbatterien, die sich zwar noch in demselben Kriege im Kampf gegen Küstenwerke durchaus bewährten, die aber unbrauchbar waren für die Schlacht, folgte bald der Bau von gepanzerten Hochseeschiffen in England und Frankreich. Diese Panzerfregatten trugen ihre Armierung in langen Batterien in der Breitseite, sie waren also im Sinne unserer taktischen Charakteristik Linienschiffe. Als aber im Jahre 1861 der Sezessionskrieg begann, war man sich über die Folgen, die die hier besprochenen Neuerungen für Strategie und Taktik des Seekrieges gebracht hatten, noch nicht klar. Die Bedeutung dieses Krieges liegt für uns auch nicht etwa darin, daß er zu klaren Prinzipien über die moderne Seekriegführung führte. Dazu war er nach seiner Sonderart als Küstenkrieg und nach der unvollkommenen Rüstung beider Parteien auch gar nicht angetan. Ich sehe seine Bedeutung vielmehr in dem Zusammenwirken von Landkrieg und Seekrieg und in der wirtschaftlichen Beeinflussung der Südstaaten, die dadurch entstand, daß die Unionsflotte ihnen alle Hilfsquellen der Außenwelt verschloß.

Wir haben in den bisherigen Beispielen aus der Kriegsgeschichte meist Fälle behandelt, in denen die See die kriegführenden Länder trennte. Hier handelt es sich um Landgebiete, die mit breiter Front aneinander grenzen; dies gibt dem Landkriege die entscheidende Bedeutung. Aber wie man von den Napoleonischen Kriegen erst ein richtiges Bild bekommt, wenn man das Zusammenwirken der Land- und Seegegner von Frankreich, den Bündniskrieg, betrachtet, so ist hier schließlich auch das Zusammenwirken von Heer und Flotte, von Landkrieg und Seekrieg, das entscheidende gewesen. Daß dies so sein konnte, lag aber an besonderen Verhältnissen, die aus der geographischen Lage der kriegführenden Gebiete, aus ihrer Kriegsrüstung und aus ihrer Wirtschaftsweise entstanden. Ihrer Schilderung wende ich mich zunächst zu.

Schon die Entstehung des Krieges wurzelte neben den rein politischen Differenzen über die Organisation des Bundes in den wirtschaftlichen Fragen, die mit der Sklavenhaltung und dem Plantagenbetrieb im Süden zusammenhingen. Der Norden mit einer Bevölkerung von 20,6 Millionen besaß eine für die damalige Zeit hochentwickelte auch für Schiffbau und Geschütz=fabrikation leistungsfähige Industrie, dazu Kohlen und Eisen im eigenen Lande und damit die Mittel, sie in Gang zu halten und für die Ergänzung der Kriegsrüstung nutzbar zu machen, selbst wenn der Seeverkehr mit den Industriegebieten anderer Länder ins Stocken kommen sollte. 61 brauchbare Kriegsschiffe waren vorhanden, 33 Dampf=, 28 Segelschiffe, kein Panzerschiff. Von den 14 000 Mann des stehenden Heeres ging ein Teil zum Feinde über, der Rest und ungeübte Milizen mußten nun organisiert und zu einem brauchbaren Heere erst geschult werden. Aber das Rohmaterial an Menschen, die Mittel, um sie zu bewaffnen und zu bekleiden, waren doch vorhanden. Ungleich ungünstiger stand der Süden da. Unter der Bevölkerung von 10,5 Millionen waren 3,7 Millionen Sklaven. Für Schaffung einer Armee war wohl eine Anzahl von geschulten Offizieren vorhanden, die vor Ausbruch des Krieges in dem gemeinsamen Heere gedient hatten, an vorgebildeten Mannschaften aber fehlte es und wie für das vom Norden abgetrennte neue Staaten=gebilde die Finanzen, die Verwaltung und Gesetzgebung neu zu schaffen waren, so war es auch die Wehrkraft zu Lande und zu Wasser. Zwar waren beim Kriegsausbruch die Werften und Depots von Pensakola und Norfolk mit einer ziemlich großen Zahl von Geschützen in die Hände der Sezessionisten gefallen, aber da das Land keine Industrie besaß und nur geringe Mittel, um sie zu schaffen, so war es für seinen Bedarf an Waffen, Kleidung und Kriegsmaterial im übrigen beinahe ganz abhängig vom Ausland und der Natur seiner Grenzen nach vom über=seeischen Ausland. Ebenso stand es mit seinem Wirtschafts=betriebe im allgemeinen. Das Land war, nun der Krieg ihm den Weg nach Norden verschloß, darauf angewiesen, den Ertrag seiner Plantagen, Baumwolle, Reis, Tabak, Zucker, allein auf dem Seewege auszuführen und für den Ertrag das einzutauschen, was es zum Leben brauchte. Denn nur die westlichen Staaten lieferten Vieh und Lebensmittel in größerer Menge und konnten dem Osten das ersetzen, was ein Verschluß der Seegrenze ihm nahm.

III. Die Beeinflussung der wirtschaftlichen Verhältnisse ꝛc.

So eröffneten sich dem Norden wohl für den die Entscheidung bringenden Landkrieg Aussichten auf schließlichen Erfolg, aber seine Rüstung war noch unvollständig, und je mehr es gelang, der Kriegsrüstung des Südens durch Umschließung von See her Schwierigkeiten zu bereiten, desto besser. Für solche wirtschaftliche Einschnürung lagen nun die Verhältnisse günstig. Die der Südstaatenküste vorliegenden Inseln boten an vielen Stellen Fußpunkte für Flottenoperationen, die tief in das Land einschneidenden Buchten eröffneten ihnen den Weg und der weit hinauf schiffbare Hauptstrom des Südens, der Mississippi, gab vielleicht die Möglichkeit, eine Wasserbarriere mitten durch das Landgebiet des Feindes zu legen.

Aus diesen Erwägungen ist denn auch der Kriegsplan der Nordstaaten entstanden. Er war für die Hauptoperationen der Landheere gegeben durch die Lage der Hauptstädte Washington und Richmond, die zugleich Organisationszentren der sich bildenden Armeen waren. Im Gegensatz zu dem eng begrenzten Kriegsschauplatz, der sich hieraus ergab, standen weitausgreifende Nebenunternehmungen. Eine Heeresabteilung und eine Flottille sollte von der Grenze aus den Mississippi abwärts vorgehen, während von der Mündung des Flusses her ein Geschwader von Kriegsschiffen ihnen entgegenkam. Der Rest der Flotte, auf deren möglichst schnelle Vermehrung man bedacht war, sollte die atlantische und die Golfküste blockieren und etwa dort geschaffene Seestreitkräfte des Feindes festhalten oder vernichten. Der Süden war von vornherein auf Abwehr und Ausfälle beschränkt, d. h. die Differenz der Kräfte schuf hier gleich im Anfang das, was sonst im Laufe des Krieges der Kampf um die Seeherrschaft erst bringt: das Aufeinandertreffen strategischer Offensive und Defensive im Küstenkriege. Es führt mich dies zurück zu den einleitenden Worten dieses Abschnitts. Denn was es im Kampf auf offener See nicht gibt, den Begriff der Stellung und, daraus entstanden, den Unterschied zwischen taktischer Offensive und taktischer Defensive, das zeigt uns der Küstenkrieg in seiner ausgeprägtesten Form, im Kampf zwischen dem frei beweglichen Schiff und dem Repräsentanten starrster Defensive, der Küstenbefestigung.

So weite Räume der Krieg, der Wasserstraße des Mississippi und den Küstengewässern am Atlantischen Ozean folgend, nun auch allmählich umfaßte — die Linie von der Chesapeakebucht am Atlantischen Ozean bis Cairo an der Ohiomündung mißt 1300 km, bis zur Südspitze von Florida 1700 km, der Mississippi ist von Cairo bis zur Mündung 1100 km lang, die Golfküste bis zur mexikanischen Grenze 2250 km — sein Schwerpunkt lag doch oben im Nordosten, wo das Heer der Nordstaaten, das den anfänglichen Vorsprung in der Rüstung durch Offensive ausnutzen wollte, auf unerwartet starken Widerstand stieß und am 21. Juli 1861 bei Bul Run eine empfindliche Niederlage erlitt. Die Mitwirkung der Flotte, wenn sie auch nicht in demselben Maße die Aufmerksamkeit auf sich zog, wie die Schlachten der Heere, wurde hier bald von großer Wichtigkeit, wo die tief in das Land einschneidenden Ausläufer der Chesapeakebucht und die dort mündenden Flüsse ein Zusammenwirken von Land- und Seestreitkräften häufig erforderten, wo die von See kommenden Kriegsmittel den kürzesten Weg nach Richmond hatten. Dort oben setzte denn auch die Blockade, die schon am 11. April über die ganzen Küsten der Südstaaten, wenn auch mehr nominell verhängt war, am schärfsten ein. Die Einnahme der Befestigungen auf den Inseln bei Kap Hatteras ermöglichte es dann, die Blockade dort nach innen zu verlegen, wo sie, die Binnengewässer mit kleinen Fahrzeugen beherrschend, große Schiffe ersparte, die sonst zur Umschließung der vielen Einläufe von See her erforderlich gewesen wäre. So war man dann auch noch vor Eintritt der schlechten Jahreszeit imstande, durch Einnahme von Port Royal, zwischen Charleston und Savannah, der schwierigen Blockade der atlantischen Küste eine Basis zu schaffen und damit einen Rückhalt im Ganzen wie einen Stützpunkt zum Angriff auf Charleston, wo hinter Befestigungen gedeckt, südstaatliche Seestreitkräfte in der Organisation begriffen waren. Der Punkt lag auch insofern günstig, als er ermöglichte, den Blockadebrechern entgegenzutreten, die die Bermudas-Inseln zu einem Einfallstor in das Blockadegebiet benutzten. Schwieriger war die Blockade im Golf von Mexiko, wo noch weniger Schiffe zur Verfügung standen, wo Cuba und die Bahama-Inseln Ausgangspunkte für die Blockadebrecher wurden und wo man sich an der langen, schwer zu überwachenden Küste vorläufig eine zentral gelegene Basis, wie es Port Royal am Atlantik war, nicht schaffen konnte, sondern sich mit der ungünstig liegenden Insel Key West an der Floridaspitze begnügen mußte.

Wir tun hier einen Blick in die Organisation einer solchen groß angelegten Blockade, wir sehen aber auch an dem Beispiel der hier kurz beschriebenen Unternehmungen, wie die Küstenformation — auch die Blockadebasis in Port Royal war ein Inselhafen — die Nordstaatenflotte begünstigte. An freier Küste hätten alle Blockadeschiffe die See halten müssen, oder Landstreitkräfte hätten eingesetzt werden müssen, um zu erobern und zu erhalten was man brauchte. Was der Seekrieg dem Landkriege an Hilfe leistete, kam also hier ohne Abzug zur Geltung.

Im übrigen rüsteten beide Parteien für die Mississippi-Kampagne, Flußflottillen — auch von Panzerbooten — wurden geschaffen, Sperrforts gebaut, Truppen transportiert, und im Februar 1862 begann dort im Westen der Kampf mit der Einnahme von Fort Henry am Ohio. Am 8. März wurde die befestigte Insel Nummer 10 im Mississippi erobert und eine vorläufige Entscheidung für den Kampf der Heeresabteilungen brachte die Schlacht bei Siloh. Am 24. April begann die hiermit in Verbindung stehende Flottenunternehmung von Süden her mit der Forcierung der Mississippi-Einfahrt durch Admiral Farraguts Geschwader. Es gelang, ohne zu große Verluste bei dem die Einfahrt verteidigenden Forts vorbeizukommen, die auch dort improvisierte Flottille der Südstaaten wurde besiegt, bald darauf kapitulierte, von Flotte und gelandeten Truppen bedroht, New Orleans, und auch die Sperrforts an der Mündung mußten sich ergeben, da sie umgangen und von aller Hilfe abgeschnitten waren. So war hier mit anderen Mitteln der Blockade am Golf Hilfe geschaffen, denn das Hauptziel der Blockadebrecher, New Orleans, war in Feindes Hand und die bei dem weit ausgreifenden Flußdelta schwierige Überwachung von See her war überflüssig geworden. Noch aber konnten die beiden Teilunternehmungen sich die Hand nicht reichen, sie kamen bei der neu geschaffenen Feste Vicksburg zum Stehen, wo am 18. Mai die ersten Schiffe Farraguts von Süden, am 24. Juni die Flottille unter Kommodore Foote von Norden her eintrafen. Indessen schon die soweit ermöglichte Beherrschung des Flußlaufes verschloß dem weiten Kriegsschauplatz zwischen dem Mississippi und der atlantischen Küste fast ganz die Hilfsmittel der westlichen Staaten sowie die Zufuhren, die bisher noch mit dem Umweg über den mexikanischen Hafen Matamoros vom Ausland her gekommen waren, sie hatte eine Flußbarriere als

Annex des Seekrieges durch das feindliche Gebiet hindurchgelegt.

Aber auch im Nordosten hatten für Flotte und Heer wichtige Kämpfe stattgefunden. Ein Versuch der Nordstaatenarmee, die von Norden her schwer anzugreifende Stellung bei Richmond im Osten zu umfassen, war basiert auf die in den Gewässern der Chesapeakebucht operierende Flotte. Der Versuch mißglückte teils wegen taktischer Mißerfolge, teils weil die Konföderierten, die der Angriff im Osten nicht genügend beschäftigte, Kräfte frei bekamen, um auf den ihnen nordwärts offen stehenden Wegen Washington zu bedrohen. So mußte die auf der Halbinsel zwischen James- und Yorkfluß operierende Armee zurückgezogen werden und dieser Rückzug geschah nur unter schützendem Eingreifen der Flotte ohne zu großen Verlust.

In den Rahmen dieser Unternehmung gehört dann auch der erste Vorstoß der neu geschaffenen Südstaaten-Flotte, zugleich von geschichtlicher Bedeutung als das erste Gefecht zwischen Panzerfahrzeugen. Mit der Staatswerft von Norfolk war den Konföderierten der noch brauchbare, allerdings bis zur Wasserlinie durch Feuer beschädigte Rumpf einer Holzfregatte in die Hände gefallen. Dem Schiff, das den Namen „Merrimac" erhielt, wurde eine gepanzerte Geschützkasematte aufgesetzt, vorn ein Rammsporn eingebaut und so ausgerüstet ging es zum Angriff vor gegen das auf der Rhede von Hampton liegende Geschwader von Holzschiffen, das von dort aus den Zugang zur Chesapeakebucht bewachte. Das für die Artillerie dieser Schiffe beinahe unverwundbare Panzerschiff richtete unter ihnen arge Verwüstungen an, brachte zwei Schiffe zum Sinken und fast schien es, als solle ein noch größerer Erfolg sich daran knüpfen. Denn wäre die Herrschaft über diese wichtigen Gewässer der Südstaaten-Flotte zugefallen, so wäre nicht nur die Blockade an dieser Stelle geöffnet worden, sondern auch der Gang des Landkrieges konnte, wie wir wissen, von hier aus entscheidend beeinflußt werden. All diesen Befürchtungen machte das Eintreffen des nach schwieriger Fahrt von Norden her anlangenden Panzerfahrzeugs „Monitor" ein Ende. Am 9. März zwang es nach einem von beiden Seiten mit Geschütz und Ramme geführten Gefecht den „Merimac" zum Rückzug. Der Name des siegreichen Schiffes ist übergegangen auf eine ganze ihm folgende Schiffsklasse gleichen Typs, und wenn auch der Typ dieser kleinen, zur Küstenverteidigung bestimmten Panzerfahrzeuge sich überlebt hat, so ist doch eine seiner wesentlichen Einrichtungen auf das moderne Schlachtschiff übergegangen: der drehbare, frei über Deck feuernde Panzerturm, der den in ihm aufgestellten Geschützen bei günstigstem Panzerschutz einen viel größeren Bestreichungswinkel gibt, als beim Feuern aus Pforten möglich war.

Ich möchte bei dieser Gelegenheit kurz auf den Ausbau der beiden Flotten zu sprechen kommen. Im Süden trug man den Neuerungen im Kriegsschiffsbau vollkommen richtig dadurch Rechnung, daß man sagte: wir können den Vorsprung, den der Gegner an Zahl der Schiffe hat, doch nicht einholen, wir müssen unsere Mittel konzentrieren auf wenige starke Panzerschiffe. Leider reichten die Mittel nicht weit und die vorschreitende Blockade der Küsten beschränkte sie dem vom Auslande abhängigen Lande bald immer mehr. So entstanden in den Gewässern von Kap Hatteras, in Charleston im Osten und unten am Golf in Mobile allmählich Panzerfahrzeuge, die dem Merrimac ähnlich waren. Ihre Bestimmung war es, die schwächeren Schiffe der die Küsten blockierenden Nordstaatenflotte zu vertreiben und so die Handelsblockade mit Gewalt zu brechen, die das Kauffahrteischiff als sogenannter Blockadebrecher dadurch illusorisch zu machen sucht, daß es sich mit Schnelligkeit und List der Wegnahme durch die Blockadeschiffe entzieht. Ein solcher, wenn auch vorübergehender und örtlicher Erfolg hätte schon Vorteile gebracht, denn nur eine dauernde, mit überlegenen Kräften gehaltene Blockade ist effektiv im Sinne der Pariser Seerechtsdeklaration vom Jahre 1856 und das weitere hätte man daher den Neutralen überlassen können, die nur darauf warteten, daß man ihnen die Blockadetür öffnen sollte. Anders stand der Norden da, sowohl nach den Möglichkeiten zum Ausbau seiner Flotte als nach den Überlegungen, die maßgebend waren für Auswahl der Schiffstypen. Sollte die Blockade der langen Küste effektiv werden, so war dazu zunächst eine große Zahl von Fahrzeugen erforderlich und bei den reichen Hilfsmitteln des Landes war im Dezember 1862 die Zahl der verwendungsfähigen Schiffe aller Art schon auf über das Zehnfache des Bestandes beim Kriegsausbruch gestiegen, im Dezember 1864 — um dies gleich hier mit vorweg zu nehmen — auf das Sechzehnfache, darunter 71 neue Panzerschiffe und Fahrzeuge. Wo man sich zunächst mit dem vorhandenen Schiffsmaterial behelfen mußte, da mußte schnelles

Ausgestaltung der Seekriegsrüstung. 77

Zufassen ersetzen, was den Schiffen an Kampfkraft fehlte, und die bisherigen Erfolge sind nicht zum wenigsten darauf zurückzuführen, daß man dies tat. Allmählich aber waren an den gefährdetsten Stellen der Küsten statt der improvisierten Werke leistungsfähigere Befestigungen entstanden und unter ihrem Schutz, der verstärkt wurde durch Minen und Hindernisse aller Art, wuchsen allmählich die Ausfallschiffe heran, von denen ich gesprochen habe. Wo man nicht noch zeitig genug eingreifen konnte, da mußte Kampfkraft der Kampfkraft entgegengestellt werden, und so entstand die Panzerflotte der Nordstaaten, der überwiegend größten Zahl nach schnell zu erbauende, wenig kostspielige Fahrzeuge des Monitortyps, daneben einige kleinere Panzerschiffe. Ihr Zweck war nicht der Kampf auf offener See, aber sie mußten doch so seefähig sein, daß sie an der Küste entlang den Ort ihrer Bestimmung erreichen konnten.

So war es gelungen, die Handelsblockade der Südstaatenküsten so zu fördern, daß sie schon seit dem Frühjahr 1862 von den Neutralen als effektiv angesehen werden mußte. Die Kriegsereignisse, die sich an den Stellen entwickelten, wo Abwehrmaßregeln des Gegners drohten, oder wo man aus anderen Gründen in den Befestigungsgürtel der Küste einbrach, werden uns später beschäftigen. Um das Gesamtbild dieses Jahres abzuschließen, berichte ich aber, daß die im Sommer von Norden her wieder aufgenommenen Angriffe auf Richmond in mehreren verlustreichen Schlachten abgewiesen wurden und daß andrerseits auch ein Gegenstoß, den General Lee auf Washington unternahm, am 16. September mißglückte.

So war auch im zweiten Kriegsjahre ein entscheidender Schlag noch nicht gefallen, der Wendepunkt des Krieges wurde auf beiden Kriegstheatern erst im Jahre 1863 erreicht. Im Westen fiel am 4. Juli nach langem Kampfe zu Wasser und zu Lande Vicksburg, die Sperrfestung am Mississippi. Allmählich war auf dem Flusse die Armee südwärts transportiert worden, als sich aber ein Angriff auf die Festung von Norden her des schwierigen Geländes wegen als unpraktisch erwies, marschierte sie bei Vicksburg vorbei, wurde mit Hilfe der Flottille und einer Transportflotte auf die andere Flußseite gebracht und konnte nun von Süden aus unter günstigen Verhältnissen die Belagerung beginnen. Der Sieg der Armee des Generals Grant bei Chatanooga im November 1863 entschied dann den

Kampf im Westen endgültig. So waren Flotte und Heer dort frei geworden und konnten sich für die Unternehmungen rüsten, durch die im nächsten Jahre das Gewonnene ausgenutzt werden sollte. In denselben Tagen aber, da bei Vicksburg die Entscheidung fiel, wurde auf dem Hauptkriegsschauplatz im Osten der letzte große Offensivstoß, den General Lee von Richmond aus unternommen hatte, in der Schlacht von Gettysburg zurückgewiesen und was hier an Kräften verloren ging, konnte nicht mehr ersetzt werden, weil die vorschreitende Unterbindung aller Zufuhrwege die Hilfskräfte der Südstaaten immer mehr erschöpfte.

Dies führt uns wieder zurück zur Blockade und zu ihrer Wirkung auf die Kriegführung und das Wirtschaftsleben der Südstaaten. Man bewundert die zähe Ausdauer, das Geschick und den todesverachtenden Mut, mit denen der von Anfang an schwächere Süden den Kampf führte, aber alle Anstrengungen mußten erlahmen gegenüber den Wirkungen der Blockade, die wie ein eiserner Ring das ganze Kriegsgebiet immer fester umschloß und mit der Kraft zum Widerstande auch den Mut zur Fortsetzung des Krieges allmählich aufzehrte.

Schon seit dem Winter 1862 auf 63[1]) war die Armee bei Richmond auf halbe Rationen angewiesen und schlecht bekleidet, auf je 3 Mann kam nur eine wollene Decke als Lagerstätte. Daß unter solchen Zuständen die Disziplin des Heeres litt, ist wohl erklärlich, aber auch auf das Land als Ganzes blieb die Wirkung der Blockade nicht aus. Große Mengen von Baumwolle und Tabak lagerten unverkäuflich in den Häfen und dabei herrschte Mangel an fast allen Gebrauchsgegenständen und an Nahrungsmitteln. So verarmte das Land, der Kredit erschöpfte sich und es war der Regierung nicht möglich, Mittel zur Fortsetzung des Krieges zu bekommen. Der steigenden Entwertung des Papiergeldes — Ende 1863 galt ein Dollar nur noch fünf Cent — traten immer wachsende Preise gegenüber und an dieser Preissteigerung nahmen auch die im Lande selbst erzeugten Nahrungsmittel teil. So glich das ganze Land einer belagerten Festung, in der auch die Stimmung der mit eingeschlossenen Zivilbevölkerung Einfluß gewinnt auf die mili-

---

[1]) Ich entnehme die nachfolgenden Angaben zum Teil der Schrift des Kapitäns zur See à la suite der Marine Stenzel „Die Flotte der Nordstaaten im Sezessionskriege".

tärischen Entschlüsse. Dieser Zustand war allerdings erst allmählich eingetreten, je weiter die Blockade vorschritt, aber so fest sie auch zufaßte, ganz hat doch der Blockadebruch bis zum Schluß des Krieges nie aufgehört. Dazu war schon die Preisdifferenz draußen und drinnen viel zu groß und der Verdienst, den sie brachte, trotz des für den Blockadebrecher durch die Gefahr des Aufbringens stets steigenden Risikos. Stand doch im Herbst 1863 die Baumwolle in England zwölfmal so hoch im Preise als in Wilmington, für einen Schinken wurde in Richmond 46 Mark bezahlt, für ein Pfund Kaffee 17 Mark, für ein Pfund Thee 71 Mark und die einfachsten Toilettenartikel wurden den Blockadebrechern von Zwischenhändlern zum sieben- bis elffachen des Einkaufspreises gern abgenommen. Um zu verhindern, daß die Spekulation sich dieses Geschäfts allein für ihre Zwecke bemächtige, wurde denn von der Regierung auch angeordnet, daß jeder Blockadebrecher als ein Drittel seiner Ladung Proviant für ihre Rechnung bringen mußte. Einen ungefähren Begriff von den Werten, die dem Lande verloren gingen, um den Verkehr wenigstens notdürftig in Gang zu halten, bekommt man, wenn man hört, daß 1149 Schiffe, die beim Brechen der Blockade aufgebracht worden waren, als Prisen verkauft wurden für den Gesamtpreis von 118 Millionen Mark, wobei aber in Rechnung zu ziehen ist, daß dieser Verkaufspreis natürlich weit unter dem reellen Wert blieb.

Im ganzen aber waren die südlichen Staaten der Sezession von den direkten Lasten des Krieges noch wenig berührt worden, aus ihnen kam auch fast allein noch das, was zur Fortsetzung des Widerstandes notwendig war. Auch hier wirkte allerdings die Blockade der Küsten und die Barriere des Mississippi, direkt durch Verhinderung der Einfuhr und Ausfuhr, indirekt durch Erschwerung des Verkehrs im Inneren. Denn die Eisenbahnen begannen zu versagen, weil ihre Betriebsmittel sich aufbrauchten und nicht ersetzt werden konnten. Dabei stiegen die Anforderungen an sie, weil die Küsten- und Flußschiffahrt, die sie bisher entlastet hatte, unterbunden war. Immerhin blieben noch Mittel zum Widerstande, und, da der direkte Einfluß des Krieges fehlte, auch die Lust, ihn fortzuführen. Aufgabe des neuen Kriegsjahres wurde es daher, hier einzugreifen.

Man kann in diesem Sinne für das Jahr 1864 von Nebenunternehmungen des Seekrieges und des Landkrieges sprechen, die das unterstützen sollten, was oben im Norden geschah. An der atlantischen Küste wurden die Kämpfe gegen die Befestigung von Charleston, um auch diesen Hafen ganz in die Gewalt zu bekommen, fortgesetzt, aber alle Angriffe wurden abgeschlagen. Dahingegen gelang es, wenn auch mit starken Verlusten, die dort gebauten Ausfallschiffe des Feindes im Hafen festzuhalten — das Südstaaten=Panzerschiff „Atlanta" war schon im Juni 1863 genommen worden — und interessante Kämpfe mit einem Unterseeboote und Spierentorpedobooten spielten sich hier ab. Selbständiger und von allgemeiner Bedeutung ist die Entsendung einer von Truppen begleiteten Flottille den Red River aufwärts, um durch Brechung des Widerstandes dort von Westen kommende Zufuhren nach dem Mississippi=Gebiet zu verhindern. Daß die Nordstaaten in diesem entlegenen Grenzgebiet ihre Macht zeigten, hatten aber noch einen anderen Grund. Das Bestreben Ludwig Napoleons, die mexikanische Republik durch ein monarchisches Reich unter Kaiser Maximilian zu ersetzen, hatte damit gerechnet, daß die große Republik im Norden durch den Bürgerkrieg lahmgelegt sei. Diese nach Westen gerichtete Unternehmung so nahe der mexikanischen Grenze zeigte, daß diese Rechnung doch nicht ganz stimmte, sie wurde aber erst möglich durch das, was das Zusammenwirken von Flotte und Heer am Mississippi geschaffen hatte.

In den August 1864 fällt dann die Einnahme von Mobile durch die Flotte des Admirals Farragut. Sie gehört zu den Unternehmungen zur Vervollständigung der Blockade durch Verschließung eines Binnengewässers, dessen Einläufe von See her schwer zu überwachen waren und das durch mehrere schiffbare Flüsse in günstiger Verbindung mit dem Hinterlande stand. Auch hier konnte infolge der Haffbildung die Flotte allein halten, was sie gewonnen hatte, sie entledigte sich durch Besiegung des in Mobile gebauten Panzerschiffs „Tennessee" eines nicht ungefährlichen Gegners und gewann einen günstigen Stützpunkt für die Überwachung der Golfküste. So war denn dieser Erfolg mit dem Untergang eines auf eine Mine geratenen Monitors und ziemlich beträchtlichem Verlust an Menschen nicht zu teuer bezahlt.

Mit der Einnahme von Mobile hörte der Blockadebruch im Golf, dem der letzte brauchbare Einlauf genommen war, auf. Vervollständigt wurde die wirtschaftliche Niederzwingung des Südens dann durch den berühmten Zug des Generals Sherman. Mit den am Mississippi verfügbaren Streitkräften drang er unter Aufgabe seiner rückwärtigen Verbindungen ostwärts zur Küste vor, die Hilfskräfte der bisher vom Kriege noch unberührten Gebiete durch seine Requisitionen aufzehrend. Am 10. Dezember 1864 gelangte er bei Savannah an die atlantische Küste, wo ihm die Verbindung mit der die Zugänge zur See beherrschenden Flotte der Nordstaaten mitten im feindlichen Lande den Anschluß an die Verpflegungsbasis der Heimat wiedergab. Aber die Unterstützung war gegenseitig: Wo die Flotte mit ihren Mitteln allein bisher keinen vollen Erfolg hatte erzielen können, half Shermans Armee nach, die Konföderierten räumten Savannah und bald darauf auch Charleston.

So näherte sich der Land- und Seekrieg dem Zentrum des Widerstandes bei Richmond. Die Hoffnungen, die die Konföderierten auf das in den Gewässern von Kap Hatteras gebaute Panzerschiff „Albemarle" gesetzt hatten, das die Blockade öffnen und den Seezufuhren für ihre Armee den Weg frei machen sollte, waren vernichtet worden. Im Oktober 1864 war es dem Angriff eines mit Spierentorpedos armierten Dampfbootes erlegen und als ein gemeinsamer Angriff von Flotte und Landungstruppen Fort Fischer am Eingang zum Hafen von Mobile am 15. Januar 1865 zur Übergabe zwang, schloß sich auch dieser letzte Zuweg zur Außenwelt und das Ende des langen Kriegsdramas nahte. General Grant, der neue Oberbefehlshaber der Nordstaaten-Armee, hatte die früher aufgegebene Umfassung von Osten her wieder aufgenommen, und am 9. April kapitulierte, von allen Seiten umstellt, von allen Hilfsmitteln entblößt die Armee des Generals Lee.

Ich bin bei der Darstellung der Kriegsereignisse hier mehr auf Einzelheiten eingegangen, um erkennen zu lassen, wie der Erfolg der Nordstaaten wesentlich darauf zurückzuführen ist, daß ihnen die Seeherrschaft zufiel und daß sie sie zum Zusammenwirken von Flotte und Heer wie zur Schädigung des Wirtschaftslebens der Südstaaten ausnutzten. Wenn auch nur ein Küstenkrieg wird der Sezessionskrieg dadurch doch zu einem richtigen Seekriege und zeigt, daß die Abhängigkeit eines Landes von der See darüber entscheidet, welche Wichtigkeit seiner Flottenrüstung zukommt. Welchen Verlauf hätte der Krieg wohl genommen, wenn den Südstaaten eine starke Flotte zur Verfügung gestanden hätte? Und unter Abhängigkeit eines Landes von der See haben wir hier zweierlei kennen gelernt: die Abhängigkeit seines Wirtschaftslebens von den Verkehrswegen der See und die Möglichkeiten für Zusammenwirken von Flotte und Heer, die die Gestaltung der Küsten und die Schiffbarkeit der Flüsse bietet.

Aber noch in anderer Weise ist dieser Krieg interessant für das Verhältnis zwischen Landkrieg und Seeherrschaft. Wie kam es, daß der Landkrieg so spät erst eine Entscheidung brachte? Im allgemeinen kann man ja annehmen, daß, wo die kriegführenden Staaten wie hier mit breiter, für Truppenbewegungen offener Grenze aneinanderstoßen, die schnellen Schläge des Landkrieges den Seekrieg überholen werden, der mit seinen direkten Waffen nur bis an die feindliche Küste reicht und dort erst aus der Abhängigkeit des Feindes von der See sich indirekte, langsamer wirkende Waffen schmieden muß. Hier fehlten aber dem Landkriege schnelle Erfolge, weil auf beiden Seiten die Waffe dazu, das gut organisierte schlagbereite Heer fehlte. Eine Milizarmee muß, selbst wenn sie ihre Kadres ergänzt und ihren Aufmarsch beendet hat, die Fähigkeit zur Offensive sich erst erwerben. So blieb sogar Zeit, um die ebenfalls unvollkommene Flottenrüstung zunächst zu ergänzen und dann wirksam werden zu lassen. Welch ein Unterschied zum deutsch-französischen Kriege von 1870! Die schnelle Offensive hat unser Heer in Feindesland geführt, ehe die Seeherrschaft Frankreichs an unserer Küste wirksam werden konnte. Sie hat das ganze Heer des Feindes dort festgehalten und war der wirksamste Schutz unserer Küsten, auch sind uns unsere Landgrenzen damals nie verschlossen worden, während die Sezessionsstaaten wirtschaftlich zu einer Insel wurden.

Man darf daher nicht generalisieren und erst die Betrachtung des besonderen Falles gibt ein Urteil darüber, wie weit bei Kriegen von zu Lande benachbarten Staaten die Wirksamkeit der Flotte geht. So wäre es auch falsch, aus den Verhältnissen des deutsch-französischen Krieges den Satz herleiten zu wollen: Deutschland braucht keine Flotte, um Frankreich zu besiegen. Schon 1870 wäre eine die See beherrschende Flotte uns eine wichtige Hilfe gewesen, sie hätte den Krieg dadurch abkürzen können, daß sie die französischen Küsten für Waffeneinfuhr aus England und Amerika gesperrt hätte. Daß aber die seit dieser Zeit unendlich gesteigerte Abhängigkeit Deutschlands von der See und ein Krieg mit zwei Fronten, wie er eine Zeitlang möglich erschien, die Lage umgestalten würden, darauf möchte ich wenigstens hinweisen.

Es ist dann weiter für die wirtschaftliche Seite wie für die Stellung des internationalen Rechts in der modernen Seekriegführung interessant, sich zu vergegenwärtigen, wie die Stellung, die die Unionsstaaten zu den Neutralen einnahmen, ihre Kriegführung in ganz anderem Sinne beeinflußte, als dies für England in den Napoleonischen Kriegen der Fall war.

England hat sich wirtschaftlich damals nur dadurch halten können, daß es in seiner papierenen, d. h. nirgends eigentlich effektiven Blockade der europäischen Küsten die Ansprüche aller neutralen seefahrenden Staaten im Vertrauen auf die Stärke seiner Flotte einfach beiseite schob und die See allein für sich in Beschlag nahm. Die Unionsstaaten hatten mit der äußersten Anstrengung sich eine Flotte für den Küsten- und Flußkrieg geschaffen, die, so gut sie dafür geeignet war, das Land jeder von See her angreifenden Macht gegenüber beinahe wehrlos ließ. Ein Appell an die Waffen war für sie den Ansprüchen Neutraler gegenüber ausgeschlossen, die Union konnte sich allein stützen auf strikte Durchführung dessen, was in der Pariser Seerechtsdeklaration über die Effektivität der Blockade festgesetzt war, um sie dritten gegenüber rechtsverbindlich zu machen.

Die Charakterisierung dieses Krieges als Küsten- und Flußkrieg läßt nun weiter schon erkennen, daß er, so sehr der Wert der Seeherrschaft in ihm hervortrat, doch für die Verhältnisse des großen Krieges wenig brachte. In engem Rahmen festgehalten — nicht was die Ausdehnung des Kriegstheaters betraf, sondern dadurch, daß das Hinübergreifen auf die weite Fläche des Ozeans fehlte — zeigt er zwar die modernen Waffen, Ramme, Torpedo und Mine, der Kampf zwischen Panzer und Artillerie, zwischen Panzerschiff und Fort wird in ihm fortgeführt, ja das Unterseeboot erzielt bereits Erfolge, aber alles ist noch in den technischen Anfängen und entspricht im ganzen den kleinen Verhältnissen des Monitortyps.

Auch die Benutzung des Dampfes als Motor tritt uns in diesem Kriege zum erstenmal gegenüber. So freie Bewegung an der Küste und auf den Flüssen, solche Unabhängigkeit von Strom und Wind wäre für Segelschiffe nicht möglich gewesen. Andrerseits trat die durch die Kohlenversorgung geschaffene Abhängigkeit des Dampfschiffes hier nicht so stark hervor, denn die Flotte hat die Verbindung mit der Küste nie aufgegeben. Wohl mußten die fern der Heimat an feindlicher Küste operierenden Schiffe fortlaufend mit Kohlen versorgt werden, aber die dabei entstehenden Schwierigkeiten wurden durch Schaffung von Basispunkten, die als Depots dienten, gemindert, es handelte sich mehr um Organisierung eines regelmäßigen Nachschubs als um Eingliederung der Kohlenversorgung in wechselnde strategische Maßnahmen. Für den taktischen Kampf großer, die See beherrschender Flotten von Panzerschiffen läßt sich daher aus dem Sezessionskriege ebensowenig etwas ableiten wie für deren strategischen Bewegungen über weite, die Länder trennende Meeresstraßen hin. Als taktisches Ergebnis für den Kampf mit Befestigungen aber kann man es ansehen, daß hierfür so häufig die Form des Passiergefechtes, das Forcieren, gewählt wurde, in der es mehr darauf ankommt, bei der Befestigung vorbeizukommen, als sie niederzukämpfen. Daß die Anwendung dieser Gefechtsform von den Fahrwasserverhältnissen abhängig ist, von dem Zweck den die Befestigung erfüllen soll und den die Flotte vereiteln will, ist wohl klar. Denn im Gegensatz zu dem Schiff, das infolge seiner freien Beweglichkeit mir überall entgegentreten und mir Schwierigkeiten bereiten kann, das also um seiner selbstwillen angegriffen werden muß, steht die an dem Ort gebundene, einem bestimmten lokalen Zweck dienende Befestigung. Die feindliche Flotte muß totgeschlagen werden, wenn ich auf der See freie Hand haben will, sie zu umgehen, wo ich sie vernichten kann, wäre ein strategischer Fehler. Aber es wäre falsch, an den Kampf mit Befestigungen zu viel Kampfkraft zu wagen. Kann man an das Objekt, das sie decken sollen herankommen, indem man sie umgeht, um so besser, ist das aber nicht angängig, so wird man die schwerste Form, den Vernichtungskampf, nur wählen, wo kein anderes Mittel bleibt. In allen anderen Fällen wird man sich damit begnügen, mit möglichst geringen Verlusten an ihnen vorbeizukommen, d. h. sie zu forcieren.

Ich habe diesen allgemeinen Exkurs in die Taktik hier eingeschaltet, um bei Besprechung dieses Krieges, in dem der

Kampf mit Befestigungen eine so große Rolle spielte, zu zeigen, wie verschiedene Streitmittel Schiffe und Befestigungen sind und daß daher für das, worauf es im Seekrieg ankommt, für die Seeherrschaft, die Flotte nie durch Befestigungen ersetzt werden kann. Man wird aber auch einen wichtigen Fortschritt in der Entwickelung des Seekrieges darin sehen, daß der Dampf den Schiffen, wo sie mit Befestigungen kämpfen müssen, erlaubt, die leichteste Form des Kampfes zu wählen. Um Segelschiffe abzuhalten, deren Motor so verletzlich war und die eine bestimmte Richtung mit hoher Fahrt nur innehalten konnten bei besonders günstigen Umständen, genügten dann auch gut mit Geschützen besetzte Forts. Dem frei beweglichen Dampfschiff gegenüber bekamen die Sperren aller Art größere Bedeutung, die den Feind im Feuerbereich der Werke festhalten sollen, und wir haben gesehen, wie der Fortschritt der Technik immer neue Hindernisse in Hafeneinfahrten entstehen ließ, die der Forcierung ausgesetzt waren. Der Küstenkrieg in allen seinen Formen ist hier wesentlich gefördert worden.

Auf einen Zusammenhang der wirtschaftlichen Verhältnisse mit dem Seekriege möchte ich aber hier zum Schluß noch hinweisen, weil sich an ihm die Wirkung des Sezessionskrieges bis in die heutige Zeit der Welthandelsstaaten hinein verfolgen läßt: auf die Abhängigkeit moderner Industriestaaten von fernabgelegenen Ländern, die über See hin ihnen die Rohstoffe zu ihren Fabrikaten liefern. In England, das am Kriege direkt nicht beteiligt aber an seinem Verlauf interessiert war als Hauptkonsument der damals allein in den Südstaaten der Union gewonnenen Rohbaumwolle, kamen fast alle Baumwollspinnereien zum Stillstand und eine schwere Krisis in allen damit zusammenhängenden Fabrikationsgebieten und in den davon abhängenden Arbeiterkreisen trat ein als Wirkung der durch die Nordstaatenflotte ausgeübten Blockade. Was sollte England dem gegenüber tun? War es gerade für diesen Staat, dessen beinahe einzige Waffe der Seekrieg ist, geraten, das von der Union nach internationalem Recht durchaus loyal gehandhabte Kriegsmittel der Blockade anzufechten, weil ihm Nachteile daraus entstanden? Und eine weitere Frage tritt hier auf: kann man gegen ein Land, zu dem man in einem solchen Abhängigkeitsverhältnis steht, selbst einmal die Blockade als Kriegsmittel anwenden? Entstand hier nicht auch ein politisches Abhängigkeitsverhältnis?

Als der Süden sich dann, mit dem früheren Gegner zu einem kräftig aufstrebenden Gesamtstaat wieder vereint, von den Folgen des Krieges schnell erholte, kamen für England die Preistreibereien der Baumwollenmagnaten hinzu, um den Entschluß, sich durch Baumwollenbau in anderen Gebieten unabhängig von Amerika zu machen, zur Reife zu bringen. So sind die großen Baumwollenkulturen in Indien, später in Ägypten entstanden, die es England möglich machten, einen Teil seines Bedarfs aus eigenen Produktionsgebieten zu decken und die Preisbildung der Baumwolle auf dem Weltmarkt zu beeinflussen. Diesen Bestrebungen sind andere Länder gefolgt und England hat, der Ausdehnung und wirtschaftlichen Erschließung seiner Kolonien entsprechend, sie auch auf andere Konsumartikel auszudehnen versucht. Erst als es auf diese Weise begann, einen zum großen Teil sich selbst genügenden Wirtschaftsverband zwischen Mutterland und Kolonien entstehen zu lassen, konnten dort Pläne entstehen wie die, die heute England mit seinen Kolonien gegen den Weltverkehr mit Zollschranken abschließen wollen. Man hat die Chamberlainschen Bestrebungen „Neu-Merkantilismus" genannt und will damit zutreffend die Rückkehr zu einer Wirtschaftsweise bezeichnen, mit der England im Vertrauen auf seine wirtschaftliche Überlegenheit im Anfang der sechziger Jahre des vergangenen Jahrhunderts gerade gebrochen hatte. Die Rückkehr zu ihr beruht, wie wir gesehen haben, einerseits auf wirtschaftlicher Geschlossenheit und Stärke im Inneren solches Verbandes, andrerseits ist sie ein Anerkenntnis starker, von außen her andringender wirtschaftlicher Konkurrenz, die man abwehren will. Die Wurzeln und Anfänge dieses Zustandes können wir aber zurückverfolgen bis in den Sezessionskrieg.

IV. Die heutigen Weltverkehrsstaaten und der Seekrieg.

Schon die drei ersten Abschnitte unserer Betrachtung haben uns erkennen lassen, daß nicht nur der Seekrieg an sich im Laufe der Jahrhunderte eine stetige Entwickelung durchgemacht hat, sondern daß auch die Bedingungen für ihn und die Aufgaben, die ihm zufallen, sich geändert haben. Durch den Wortlaut des Titels für diesen letzten Abschnitt habe ich aber andeuten wollen, daß der Seekrieg heute eine andere Stellung im Völkerleben und damit in der Politik einnimmt, als dies noch vor wenigen Jahrzehnten der Fall war. Es hat dies eben darin seinen Grund, daß alle großen Kulturstaaten Weltverkehrsstaaten geworden sind und dadurch abhängiger vom Seeverkehr und vom Seekriege. Dieser selbst, so sehr auch seine Waffen und der Schiffstyp, der darauf sich aufbaut, sich umgestaltet haben, ist in seinen Grundzügen wenig verändert.

Wenn ich von einer Änderung der Bedingungen für den Seekrieg gegen früher spreche, so denke ich dabei an den Abschluß der Napoleonischen Kriege, die die See England als seine Domäne zuwiesen. Ohne Konkurrenten stand dieser Staat damals da in der militärischen Beherrschung des Meeres und in der wirtschaftlichen Bevormundung der anderen, denen er den Verkehr mit der Welt vermittelte und für die er die Industrie besorgte. Denn jede Konkurrenz hatte England mit Waffengewalt erschlagen und während es im eigenen Lande trotz aller Erschwerung durch den Krieg doch an der Arbeit bleiben und die Vorteile ausnutzen konnte, die die technischen Erfindungen der damaligen Zeit boten, hatte der Landkrieg direkt, der Seekrieg indirekt die wirtschaftliche Entwickelung der Kontinentalstaaten niedergehalten. So hatte sich der Abstand zwischen dem immer schon mehr agrarischen Kontinent und dem handel- und industrietreibendem Inselreich noch vergrößert, ja man kann sagen, eine Industrie im heutigen Sinne, d. h. auf Maschinenbetrieb sich gründende Großfabrikation, bestand damals nur in England. Die durch den Krieg verarmten Landstaaten geboten zudem noch lange Zeit nach dem Kriege nicht über genügende Kapitalien, um sich eine Großindustrie zu schaffen. Auch England hatte sich mit gewaltigen Schulden belasten müssen, um sich und seinen Verbündeten die Fortführung des Widerstandes zu ermöglichen. Diese Finanzierung des Bündniskrieges war eine der großartigsten kaufmännischen Spekulationen, die die Geschichte kennt. Schwer hat der englische Handelsstand ringen müssen, um die Krise der Kontinentalsperre zu überwinden und schließlich mußte sogar der Staatskredit eintreten, um ihn zu stützen, aber am Ende ist diese Inanspruchnahme des Kredits doch nur vergleichbar der Aufnahme einer Anleihe zur Vergrößerung des Betriebes. Sie trug England dadurch reichen Gewinn ein, daß es, wie im Kriege selbst so noch lange Zeit danach, für den Kontinent Handel und Industrie als sein Monopol besorgte.

Wie dieser wirtschaftliche Zustand sich änderte und wie diese Änderung dann auch die Stellung der Kontinentalstaaten zum Seekriege beeinflußte, werde ich später zu schildern haben. Zunächst wende ich mich der Besprechung der Waffen des Seekrieges wieder zu, deren Änderung im 19. Jahrhundert auch weiter wesentlich beeinflußt wurde durch die Neuerungen auf technischem Gebiet.

Die Napoleonischen Kriege — anders ausgedrückt die Zeit Nelsons — zeigten uns den Seekrieg aufgebaut auf der die See beherrschenden Tätigkeit von Segel-Schlachtschiffsflotten. Die Besprechung des amerikanischen Sezessionskrieges hat uns dann eingeführt in die Zeit der Dampfschiffahrt, des Kampfes zwischen Panzer und Artillerie, der Mine, des Torpedos und des Unterseebootes. Wie gestaltete sich nun in der Zeit der technischen Neuerungen diesen Kampfmitteln gegenüber der Schlachtschiffstyp um? Welche Aufgaben konnte man ihm strategisch stellen und wie sollte er ihnen taktisch gerecht werden? Charakteristisch für die Zeit seit 1865 ist, daß die Fortentwickelung der Schiffstypen mehr auf experimentell-theoretische Weise durch Versuchsschiffe geschah, die gewissermaßen international zur Diskussion

Ausbau des Schlachtschiffstyps.

gestellt wurden. Die Praxis des Krieges hatte damit weniger zu tun, denn die Schlacht bei Lissa ist eigentlich nur ein irreführendes Experiment gewesen und es ist bezeichnend für die Lage, daß es Japan, der neuen Seemacht des äußersten Ostens, beschieden war, zuerst praktisch zu erproben, was es den Staaten Europas nachgebaut hatte.

Schon zur Zeit des amerikanischen Sezessionskrieges hatte der Kampf zwischen Panzer und Artillerie begonnen, die alten Panzerfregatten mit ihrer langen Reihe von Geschützen in einer gepanzerten Batterie umzugestalten: die Artillerie war bestrebt, das ihr zur Verfügung stehende Gewicht in wenigen aber leistungsfähigeren Geschützen anzulegen, der Panzer mußte seine Ausdehnung beschränken, um die wichtigsten Schiffsteile wirksamer zu schützen. Man hielt noch an der Artillerie als Hauptwaffe fest, aber ihre Kraft konzentrierte sich in kürzeren Batterien und nebenher zeigte sich auch noch der Einfluß des amerikanischen Krieges dadurch, daß man den Monitortyp mit seiner Geschützaufstellung in Türmen und der Ramme als Nahwaffe von der Küste auf die See hinauszuführen versuchte. In diese Zeit der Umwertung der Schiffstypen fällt die Schlacht bei Lissa, in der neben besonders verwendeten Holzschiffsgeschwadern, neben Panzerfregatten, die für den Artillerie-Breitseitkampf gebaut waren, der italienische Turmmonitor „Affondatore" das neue Prinzip des Seekampfes vertrat. Die Schlacht zeigt uns aber auch insofern ein eigentümliches Bild, als nicht das Material die Taktik bestimmte sondern der persönliche Entschluß des Führers: das zum Gebrauch der Ramme gebaute italienische Turmschiff hat diese Waffe überhaupt nicht gebraucht und der Wagemut des Admirals Tegetthoff hat mit Hilfe des Rammstoßes von Schiffen, die für den Breitseitkampf gebaut waren, den Sieg errungen. Tegetthoff hatte zu dieser Waffe seine Zuflucht genommen, weil er seine Schiffe artilleristisch für zu schwach hielt, um sie ihrer Bestimmung gemäß zu verwenden, er hatte auch statt der Kiellinie, die dem Typ des Breitseitartillerieschiffs entsprochen hätte, eine breite Angriffsformation gewählt, um die Rammen aller Schiffe im Angriff dem Feinde zuzukehren. Damit schien nun für viele eine neue taktische Ära begonnen zu haben, man schoß hierbei aber weit über das Ziel hinaus. Der plötzliche Untergang des mit der Ramme in die Tiefe versenkten Panzerschiffs „Ré d'Italia" ließ es übersehen, daß der zweite Totalverlust eines italienischen

Schiffes der Brandwirkung der österreichischen Artillerie zuzuschreiben war. An die Stelle des Formationskampfes, der die gesamte Artillerie der Schiffe zur Verwendung bringt, wollte man den Rammkampf setzen, der die Formation löst, sobald er beginnt. Die Artillerie sollte zunächst nur für den Einleitungskampf da sein und mußte daher von der Breitseite fort vorn in den Bug der zum Rammkampf anlaufenden Schiffe verlegt werden, oder Gelegenheitswaffe im Durcheinander der Schlacht, wo dann eine allseitig wirkende Geschützaufstellung die beste gewesen wäre. Da für das immer weiter wirkende Bestreben, die Geschützzahl und die Panzerfläche im Interesse größerer Stärke zu beschränken, die Geschützaufstellung in Türmen vorteilhaft erschien, so traten mit den Kasemattschiffen für Bug-, Heck- und Breitseitfeuer die Turmschiffe verschiedenster Konstruktion in Konkurrenz und die weitgehenden Anforderungen, die der Kampf zwischen Panzer und Artillerie stellte, ließen in dem damaligen beschränkten Deplacement der Schiffe für Aktionsradius und Geschwindigkeit wenig übrig.

Als Resultat dieses Umhertappens entstand eine Musterkarte von Schiffen der verschiedensten Art, aber dieses Schlachtschiff war kein Linienschiff mehr, kein Träger eines bestimmten Kampfprinzips, war es ein die See beherrschendes Kampfmittel? Diese Frage wurde dringender als im Beginn der 70er Jahre der automobile Torpedo und sein Träger, das kleine schnelle Torpedoboot auftraten. Der Kampf solcher Schlachtschiffe mußte zu einem wirren Durcheinander führen, er hätte dem Umstürzen eines Würfelbechers geglichen; nicht Kriegserfahrung und durchdachtes Handeln hätte die Schlacht entschieden sondern tollkühnes Draufgehen und Glück! Was konnte aller Wagemut aber helfen gegen die unheimliche Waffe des Torpedos, getragen von dem schnellen Boot, dessen Angriff das schwerfällige Panzerschiff sich nicht entziehen und den es mit seinen wenigen langsamfeuernden schweren Geschützen nicht abwehren konnte? Hatte nicht im Getümmel solchen Kampfes auch das reine Rammschiff Aussicht auf Erfolg, das auf Artillerie verzichtete, die Waffe dessen, der alles auf eine Karte setzt?

Ganz richtig schien die französische neue Schule aus diesen Verhältnissen die Folgerung zu ziehen. Sie sagte, dieses Schlachtschiff mit mangelnder Geschwindigkeit und mangelndem Aktionsradius, das keinen ausgeprägten Typ zeigt und kein taktisches

System erkennen läßt, ist hilflos den neuen Waffen gegenüber. Panzerschiffsflotten sind keine Wehr, die uns zwingen kann, sie zu bekämpfen, wir können sie umgehen, wir können den ganzen Kampf um die Seeherrschaft beiseite lassen und uns direkt dem zuwenden, was uns der Seekrieg bringen soll: der Schädigung des feindlichen Handels und der feindlichen Küste, um so den Frieden zu erzwingen.

Da gab das neue Kampfmittel, das der ärgste Feind des Schlachtschiffs zu sein schien, das Torpedoboot, den Anstoß zu seiner Umgestaltung. Schon hatte man Schutznetze erfunden, die das unterseeische Geschoß abfangen sollten, und den Schiffen wasserdichte Abteilungen eingebaut, um die Wirkungen eines Torpedotreffers abzuschwächen, jetzt ging man daran, gegen das Torpedoboot, dessen überlegene Geschwindigkeit und Beweglichkeit Angriffe von allen Seiten her erwarten ließ, besondere Geschütze aufzustellen. So entstand die artilleristische Hilfsarmierung, die die schweren Geschütze nach allen Seiten hin durch Massenfeuer ergänzen sollte. Je mehr solch Massenfeuer aber schon auf weiten Abstand in den vielen ungepanzerten Teilen der Schiffe verwundbare Ziele fand, desto mehr wuchs seine Wichtigkeit auch für den Schiffskampf und rückte die Kampfzone der Artillerie immer weiter ab von der der anderen Waffen. Zwar haben die Fortschritte der Panzerfabrikation es gestattet, die Schiffe mit ausgedehnterem Schutz zu versehen, aber die ursprünglich als Antitorpedobootsartillerie geplante sekundäre Armierung folgte dem durch Erhöhung der Kaliber und wenn wir in diesem Kampf zwischen Panzer und Artillerie auch noch mitten darin sind, so steht doch der artilleristische Typ des Schlachtschiffes jetzt wohl fest. Das nach allen Seiten hin gleichmäßig mit Geschützen verschiedenen Kalibers armierte Schiff, das in demselben Maße, wie seine Länge die Breite überragt, nach der Seite hin artilleristisch stärker ist als nach vorn und hinten, ist wieder zum Linienschiff geworden.

Ich habe diesen Entwickelungsgang des modernen Schiffes nur in großen Zügen hier schildern können, das Gesagte wird aber genügen, um die Folgerungen verständlich zu machen, die ich daran knüpfe zur Kennzeichnung des heutigen taktischen Zustandes:

1. Der Formationskampf in Kiellinie, allein mit der Artillerie geführt, der schon auf Entfernungen beginnt, auf

denen Torpedoboot, Schiffstorpedo und Ramme noch nicht wirken können, ist wieder zur Grundlage des Kampfes geworden.

2. Die Geschwindigkeit der Schiffe bekommt größeren taktischen Wert, da sie es möglich macht, die Formation als Ganzes gegen einen Teil des Gegners zu führen.

3. Der Artilleriekampf, mit dem die Schlacht beginnt, beeinflußt auch wesentlich die Anwendung der anderen Waffen, die in der Reihenfolge: Bootstorpedo, Schiffstorpedo, Ramme im späteren Verlauf der Schlacht eintreten, wo die Artillerie allein die Entscheidung nicht bringt.

Aus einer schweren Krise ist das Schlachtschiff, das alle Waffen auf sich vereint, die Artillerie aber in den Vordergrund stellt, als Sieger hervorgegangen. Alle seine Widersacher: das Rammschiff, das Torpedoboot, das Unterseeboot, werden es nicht vom Meere verdrängen, denn sie können es nicht ersetzen. Sobald aber ein zweckmäßiger Schiffstyp und ein klares, taktisches System da waren, mußte man auch danach streben, diese Errungenschaften strategisch auszunutzen, damit man die sieghafte Schlachtflotte auch überall da zur Verwendung bringen könne, wo man sie zur Beherrschung des Meeres braucht. So ist das Bestreben entstanden, den taktischen Aktionsradius möglich groß zu machen, d. h. die Strecke, die die Schiffe mit eigenem Kohlenvorrat dampfen können, und das Streben nach Stützpunkten (Kohlenhäfen) um — unabhängig von der Hilfe von Neutralen oder der Mitführung von Troß (Kohlenschiffen) — durch Vervielfältigung der Einzelleistungen den strategischen Aktionsradius zu erweitern. Soll aber das Schlachtschiff allen diesen Anforderungen gewachsen sein, deren Wichtigkeit man wohl gegeneinander abwägen kann, deren keine aber ganz beiseite geschoben werden darf, soll es genügenden Aktionsradius mit Schnelligkeit, Angriffskraft mit genügendem Schutz gegen die Waffen des Feindes zu vereinen, so muß es ein großes Schiff sein. Wir sehen daher während der Entwickelung des modernen Schlachtschiffes das Deplacement fortwährend steigen und wer um die Herrschaft über die See kämpfen will, muß dieser Entwickelung folgen, bis der Wettkampf der Flotten um die Überlegenheit der Einzelschiffe von selbst seine Grenze findet, sei es in technischen oder finanziellen Gründen, sei es darin, daß auch die Zahl entscheidet, wo Seeinteressen zu vertreten sind, die sich über die ganze Welt verteilen.

Wie steht es nun mit den Bestrebungen der französischen neuen Schule, die die Schlachtentscheidung beiseite schieben und das Schlachtschiff zum alten Eisen werfen wollte? Ob sie zu der Zeit, da die mangelhafte Beschaffenheit des Panzerschiffs und der Wirrwarr der taktischen Ansichten ihren Lehren bei vielen Geltung verschafften, durch Angriff auf den englischen Handel — denn gegen England war sie geplant — Erfolge erreicht hätte, ist zweifelhaft. Aber zweifellos ist, daß ihre Anschauungen auf die anderen Aufgaben des Seekrieges sich nicht hätten übertragen lassen. In ihren Bestrebungen tritt uns, historisch betrachtet, in neuer Form nur wieder das alte französische Prinzip gegenüber, den Kampf zu vermeiden oder hinhaltend zu fechten. Solche Kriegführung muß aber versagen, wo es darauf ankommt, an einer bestimmten Stelle zu handeln, denn Freiheit zum Handeln bekommt man nur, wenn man dort durch Kampf sich den Sieg erringt. Die neue Schule hätte vielleicht Gelegenheitserfolge erzielen können, sie kann aber die großen Grundlagen nicht umstürzen, auf denen die Seekriegführung von altersher ruht. Denn obenan steht auch heute noch die Erkämpfung der Seeherrschaft durch die Schlacht, dann folgt unter Fernhaltung des Restes der feindlichen Flotte von der See die Ausnutzung des Gewonnenen, sei es, daß man die Herrschaft über die Verkehrswege der See zum Ansetzen des Landkrieges benutzt oder zum Handelskriege. Denn dies sind heute wie früher die beiden großen Gruppen, in die man die Kriegshandlungen der See, die der Schlacht folgen, einteilen kann. Aus ihnen entstehen dann bei der komplizierten Verteilung des Besitzstandes der heutigen Staaten Europas über die Welt, bei dem Hervortreten neuer überseeischer, d. h. außereuropäischer Mächte und bei der jetzigen Abhängigkeit des Wirtschaftslebens aller Staaten von der See die unendlich vielen Möglichkeiten, die die Kombination beider ergibt.

Man kann die Zeit von der Schlacht bei Lissa bis in den Anfang der neunziger Jahre des vergangenen Jahrhunderts hinein, wenn sie im allgemeinen auch eine Zeit des Friedens auf der See war, sehr wohl vergleichen mit der Periode der Seekriegsgeschichte, da in den englisch-holländischen Kriegen die Anschauungen über die strategischen Aufgaben des Seekrieges, über Taktik und Schiffstyp sich klärten. Was dort der Krieg brachte, mußte hier in mühsamer Friedensarbeit errungen werden und viele Millionen sind ausgegeben worden für Schiffe, die uns heute nur als kostspielige Modelle erscheinen, weil sie den Ernst des Krieges nie gesehen haben.

Aus taktischen Anschauungen heraus, die sich allmählich klärten, je weiter die Versuche und die Diskussion fortschritten, war, wie ich gezeigt habe, der Typ des Schlachtschiffs entstanden. Als man so weit gelangt war, ging man dann auch daran, durch Übungen, die der Wirklichkeit des Krieges, wie man sie sich dachte, zustrebten, praktisch weiter zu arbeiten, um das Personal zu schulen und um technisch fortzubilden, was begonnen war. Es gingen also hier, wie es im Kriege auch geschieht, Theorie und Praxis nebeneinander her. Denn jedem Versuch, mag es sich um die Konstruktion eines Schiffes handeln oder um die Erprobung einer taktischen Form, müssen theoretische Überlegungen vorausgehen und die Resultate solches Versuchs können nur nutzbar gemacht werden durch geistige Verarbeitung. Es ist bemerkenswert, daß der jeder Theorie abgeneigte Wirklichkeitssinn der Engländer sich am längsten dagegen gesträubt hat, solchen Friedensübungen Wert beizulegen und das Kriegshandwerk auf eine theoretisch=praktische Grundlage zu stellen. Wie wenig befriedigend der Zustand dort war, ersieht man daraus, daß im United Service Magazine von 1893 ein Seeoffizier über die nutzlose Einübung komplizierter Flottenmanöver unter Dampf ohne Zugrundelegung einer Gefechtsidee klagt, die ziellos nur in der Hoffnung unternommen würden, daß sie dereinst auf irgend eine Weise zu einem Siege, ähnlich dem bei Trafalgar, führen könnten. In demselben Jahr schrieb Admiral Colomb: „Die Wissenschaft der Seetaktik bleibt immer noch in einem sehr unbestimmten und wenig zufriedenstellenden Stadium; aber ich bin jetzt wie immer überzeugt, daß keine unüberwindlichen Schwierigkeiten dem Versuche entgegenstehen, sie schon im Frieden auf eine absolut sichere Grundlage zu stellen. Ich glaube, daß zweckentsprechende Versuche und daraus abzuleitende richtige Folgerungen wohl geeignet sind, solche zuverlässige Grundlage dieser Wissenschaft zu bilden Ich habe immer mit einiger Besorgnis die Gleichgültigkeit betrachtet, mit der viele englische Admirale dieser ganzen Angelegenheit gegenüberstehen und hoffe, daß sie nie Gelegenheit haben werden, dies zu bereuen." Die

Gefahr ging vorüber, England hatte keine Gelegenheit, seine Flottenrüstung im Kriege zu erproben, und seitdem hat sich auch dort vieles geändert. Als man aber erst eingesehen hatte, wie nahe man mit Friedensübungen dem Kriege kommen konnte, ist bei den reichen Mitteln und dem praktisch-seemännischen Sinn der Engländer nachgeholt worden, was versäumt war, und heute steht England wohl auch hierin wieder an der Spitze.

Schwer war es für die französische Marine, zu festen Anschauungen über den Seekrieg zu kommen. Der schnelle Wechsel der Ministerien brachte bald einen Anhänger der neuen Schule bald einen ihrer Gegner zur Herrschaft und wenn jetzt die Ansichten beider Richtungen sich dort auch nicht mehr so unvermittelt gegenüberstehen, so leidet der Ausbau der Flotte doch auch heute noch unter dem Hin und Her, das sie mit sich brachten. In der deutschen Marine ist man der systematischen Vorbereitung auf den Krieg schon energisch nahe getreten, als der Schiffsbestand noch so veraltet und so gering war, daß man an eine ernsthafte Kriegführung zur See kaum hätte denken können. Als dann die Mittel reichlicher flossen, ist mit großem Erfolg, dem Anwachsen von Material und Personal entsprechend, weitergearbeitet worden. Wenn noch vor kurzer Zeit von England gesagt werden konnte, die Stärke seiner Flottenrüstung beruhe mehr auf der Masse und Güte des Schiffsmaterials als auf systematischer Kriegsvorbereitung in strategisch-taktischer Beziehung, so ist man bei uns hierin dem eigentlich immer voraus gewesen, was nach der materiellen Kriegsrüstung hätte geleistet werden können.

So ist diese Friedenszeit wohl wert besprochen zu werden, wo die geschichtliche Entwickelung des Seekrieges behandelt wird. Wie erscheinen aber die Resultate der im Frieden geleisteten Arbeit, wenn man sie prüft an den Kriegsereignissen, die seitdem eingetreten sind? Teilweise noch hinein in die Zeit der Gärung und des Werdens fällt der japanisch-chinesische Krieg von 1894. Die unfertige Kriegsrüstung beider Staaten ließ es zu einer regulären Kriegführung im großen Stil nicht kommen und machte es schwer, Lehren zu ziehen aus dem, was geschah. Zweierlei möchte ich aber als Resultat der von den Japanern mit großem taktischen Geschick ausgefochtenen Schlacht am Yalufluß hier anführen: Mit frei geführten Kiellinien, deren artilleristischer Erfolg beruhte auf der richtigen Ausnutzung ihrer überlegenen Geschwindigkeit, gingen sie in den Kampf und nach der mit Kreuzern gewonnenen Schlacht bauten sie gepanzerte Schlachtschiffe, weil der Ausgang des Krieges sie erkennen ließ, daß sie bald mit einer anderen Macht würden kämpfen müssen, um zu verteidigen und auszubauen, was sie gewonnen hatten. Auch der Krieg zwischen den Vereinigten Staaten und Spanien hat unser taktisches Wissen nicht wesentlich gefördert, seine Bedeutung liegt, abgesehen von einigen Fingerzeigen strategischer Art, mehr auf politischem und allgemein-maritimen Gebiet. Das Gefecht von Cavite wurde zwischen so ungleichen Gegnern ausgefochten, daß es nicht zählen kann, und die Vernichtung der spanischen Panzerkreuzer bei St. Jago geschah unter für sie so ungünstigen Verhältnissen, daß man weder von einem regulären Kampf sprechen kann noch etwa dem Schiffstyp auf Rechnung setzen darf, was von so besonderen Umständen beeinflußt wurde. Um zu beweisen, daß der Panzerkreuzer dem Schlachtschiff an Kampfkraft nicht gewachsen sei, bedurfte es wohl nicht dieses Gefechtes, ganz abgesehen davon, wie weit ein einzelnes Gefecht oder ein einzelner Krieg geeignet sind, um daraus grundlegende Schlüsse zu ziehen. Denn aus jedem Kriegsereignis muß man erst die gelegentlichen, d. h. die mit der Besonderheit des Falles und den persönlichen Einflüssen der Gegner verknüpften Faktoren ausscheiden, ehe man dauernde Lehren aus ihm ziehen kann, wie man umgekehrt die abstrakte, d. h. der zufälligen Umstände entkleidete Lehre vom Kriege nur soweit auf die jeweilig vorliegende Aufgabe anwenden darf, wie die Besonderheit des Falles es zuläßt.

Die Erwähnung des Kreuzertyps gibt mir aber Gelegenheit nachzuholen, was über ihn und den Aufbau einer Flotte im Ganzen gesagt werden muß, um wenigstens in großen Zügen ein Bild der heutigen Anschauungen zu geben.

Wir haben die Schlacht als den Schwerpunkt des ganzen Systems der Seekriegführung erkannt und haben gesehen, wie sich das Schlachtschiff und das Torpedoboot in die daraus entstehende taktische Aufgabe teilen. Mit diesen beiden Schiffstypen ist aber nicht alles gegeben, was der Seekrieg braucht. Die in der Schlachtflotte aufgespeicherte Kampfkraft kann nur zweckmäßig verwertet werden, wenn der der Hauptsache nach durch Kreuzer zu versehende Aufklärungs- und Sicherheitsdienst die Schlacht genügend vorbereitet hat, und wo es sich darum handelt, das

durch die Schlacht Gewonnene auszunutzen, um über weite See=
flächen hin den Handel des Gegners anzugreifen und den eigenen
zu schützen, da müssen wieder Kreuzer als Ergänzung der Schlacht=
flotte eintreten. Man sieht hieraus schon, daß unter dem Begriff
Kreuzer Schiffe der verschiedensten Art zusammengefaßt sind und
daß der Bedarf an ihnen verschieden sein wird nach den Auf=
gaben, die der einzelne Krieg stellt. Denn nicht jeder Seekrieg
braucht ein Handelskrieg zu sein. Ohne weiteres ist auch er=
sichtlich, daß die Auffassung der französischen neuen Schule, die
die Frage: Geschwaderkrieg oder Kreuzerkrieg? aufrollte, weitere
Grenzbestimmungen für den Typ nötig machte. Denn ein
Handelskrieg, hinter dem keine Schlachtflotte steht, bedarf kräf=
tigerer Schiffe als ein unter dem Schutz der Seeherrschaft ge=
führter. So ist denn auch die Unterscheidung zwischen Panzer=
kreuzer und geschütztem, d. h. nur mit einem Schutzdeck ver=
sehenen Kreuzer zuerst aufgetreten, als die Gegner Englands
nach einem Schiffstyp suchten zur Niederwerfung des englischen
Handels, und England mußte mit dem Bau von Panzerkreuzern
folgen, weil seine Schlachtschiffsflotte wohl das Rückgrat des
Krieges abgeben aber doch nicht überall sein konnte. Als aber
der stärkere Typ einmal da war, mußte auch die Aufklärung
und Sicherung zu ihm greifen. Denn wo der Gegner solche
kampfkräftigen Schiffe hat, da kann sie ihre Zwecke nur erfüllen,
wenn ihr ebensolche zur Verfügung stehen. So hat sich diese
Haupteinteilung der Kreuzerklasse durchgesetzt und da Panzer=
kreuzer da sein müssen zur Vorbereitung der Schlacht und zur
Ausnutzung ihres Erfolges, so lag es nahe, sie als dritte Waffen=
gattung auch in der Schlacht mitzuverwenden. Wir sahen schon
in den Flottenmanövern Englands und Frankreichs Panzerkreuzer
verwendet als Flankendeckung und Flankenbedrohung der Schlacht=
flotte, kampfkräftige Kreuzer sind auch als notwendig erkannt
zum Ansetzen und zur Abwehr von Torpedobooten und die
Dreiteilung: Schlachtschiff, Panzerkreuzer, Torpedoboot hat denn
auch die Schlacht in der Koreastraße entschieden.

 Ich bin hiermit zu den neuesten kriegsgeschichtlichen Er=
eignissen gelangt, zu dem russisch=japanischen Kriege, der die
politischen Verhältnisse der ganzen Welt beeinflußt und — um
Worte aus der Einleitung zu wiederholen — wieder einmal
gezeigt hat, wie mit Hilfe des Seekrieges Weltgeschichte gemacht
wird. Dieser Krieg ist denn auch eine wirkliche Erprobung

dessen gewesen, was die Friedensarbeit der letzten Jahrzehnte geleistet hat. Sein Gang steht uns allen noch in lebhafter Erinnerung und wir wissen, daß er im wesentlichen die strategisch-taktischen Anschauungen bestätigt hat, wie ich sie als Resultat internationaler Arbeit in vorstehendem entwickelt habe. So bildet auch dieser Krieg den Abschluß einer wichtigen Epoche. Er ist als ein Merkstein in der geschichtlichen Entwickelung des Seekrieges zu betrachten wie in der Gruppierung der Seestaaten. Mit ihm hat ein neues Seevolk den Eintritt in die Staatenfamilie sich erzwungen und wir sehen aufs neue, um wie viel weiter maritime Einflüsse reichen, die, das Weltmeer überbrückend, alle Seestaaten zu Nachbarn machen, wie die engen Berührungen territorialer Grenzverhältnisse. In der Kriegsgeschichte der Neuzeit aber steht dieser Krieg deshalb einzig da, weil er zum erstenmal seit Jahrhunderten in der Hand eines Volkes die Mittel vereint hat, um im Landkriege den Gegner niederzuwerfen, nachdem die siegreiche Flotte dem Heere den Weg über See freigemacht hat. Wir haben die unvollkommene Rüstung von England und von Frankreich in den Napoleonischen Kriegen kennen gelernt und was Japan hier geleistet hat, hätte auch das heutige England nicht vollbringen können.

So umfassend die Wirkung dieses Krieges aber auch gewesen ist, so werden wir doch aus ihm zu ziehende Lehren nur dann richtig auffassen, wenn wir uns der Besonderheit der Bedingungen bewußt bleiben, unter denen er ausgefochten wurde. Ich rechne hierher zunächst, daß das Zusammenwirken von Heer und Flotte zu strategischem Zweck, wo sich Gelegenheit bot auch zu taktischer Unterstützung, ihm von Anfang an das Gepräge gab. Was er zu finanzieller Schädigung des Gegners durch Lahmlegung des Handels tat und die Aufgabe, die beiden Flotten für Abhaltung von Kriegskontrebande gestellt wurde, war Beiwerk. Er entfernt sich dadurch von dem, was ich früher den reinen Seekrieg genannt habe, und zeigt uns in voller Deutlichkeit nur eine Form der Ausnutzung der Seeherrschaft: die Überbrückung der See zum Ansetzen des Landkrieges. Daraus erklärt sich die räumliche Beschränkung des Kriegsschauplatzes, darauf beruht es, daß die Wirkung der Schlacht in der Koreastraße so unmittelbar hervortrat. Wie Napoleons Armee in Ägypten durch den Sieg Nelsons bei Abukir von der Welt abgeschlossen wurde, so wäre das japanische Heer in der Mandschurei zum Gefangenen russischer Seeherrschaft geworden, wenn Roschdjestwenskys Flotte siegte; ihre Vernichtung machte mit einem Schlage die See wieder zur länderverbindenden Straße und damit zur freien Basis der japanischen Landkriegführung.

So sehen wir, wie sich vom Beginn des Krieges an die Tätigkeit des Heeres eng angegliedert an die der Flotte. Dem zum Teil der Überraschung zu dankenden Erfolge gegen die Flotte von Port=Arthur, die diese von vornherein in die Defensive drängte, folgten unmittelbar die Truppenausschiffungen zum Aufmarsch des Heeres in Korea, dem Vorrücken von Yalu aus die Abschließung des Teilkriegsschauplatzes auf der Halbinsel Liautung und die Einnahme von Porth=Arthur in gemeinsamer Aktion von Heer und Flotte: der erste Abschnitt des Seekrieges endete im Küstenkriege. Wenn hierdurch die Bedeutung des Schlachtschiffs zeitweilig zurücktrat, wenn Mine und Torpedoboot eine größere Bedeutung gewonnen und in der öffentlichen Meinung Zweifel darüber auftraten, ob man mit der Ausgestaltung der Flottenrüstung nicht auf falschem Wege sei, so brauchen wir nur an die Geschichte des Sezessionskrieges zu denken, um einzusehen, daß solche Verhältnisse nur der Besonderheit des Falles, d. h. der Natur des Küstenkrieges entsprechen. Daß es aber überhaupt zum Küstenkriege kam, das ist doch nur der Niederzwingung der russischen Schlachtschiffe zu danken, die ohne dasselbe Kampfmittel auf japanischer Seite nicht möglich gewesen wäre, und als die Flotte von Port=Arthur sich der eisernen Umklammerung entziehen wollte und ausbrach, da wurde sie von den japanischen Schlachtschiffen zurückgewiesen. Wem aber noch Zweifel geblieben waren über die Notwendigkeit einer die See beherrschenden Schlachtflotte auch für diesen Krieg, dem mußten sie schwinden, als die Heraussendung Roschdjestwenskys gelang und Japan noch einmal um die Herrschaft auf dem Seegebiet kämpfen mußte, das den Kriegsschauplatz in der Mandschurei verband mit der Kraftquelle der Heimat.

In anderer Form tritt uns die Besonderheit dieses Krieges entgegen in der Vorbereitung und der Durchführung der Entscheidungsschlacht, die den Schluß des Seekrieges bildete. Die Geschichte der Ausreise der russischen Flotte nach Ostasien hat auf viele Fragen des internationalen Rechtes die Aufmerksam=

keit hingelenkt und ich werde ihrer noch gelegentlich erwähnen. Daß aber die Schlacht gerade an diesem Ort und damit in vorbereiteter Stellung geschlagen werden konnte, hat ihren Gang wesentlich beeinflußt und ich würde mehr auf Einzelheiten eingehen müssen, als der Raum mir gestattet, wenn ich dies darlegen und Schlüsse daraus ziehen wollte. Ob die Einleitung des Artilleriekampfes in so günstiger Form, ob das Zusammenwirken getrennter Teile zu gemeinsamen Handeln, ob schließlich die Mitwirkung der Torpedoboote unter anderen Verhältnissen sich auch in dieser Weise hätten ermöglichen lassen, ist doch zweifelhaft. Drum wäre es nicht richtig, zu weitgehende Schlüsse aus dem zu ziehen, was die Schlacht in taktischer Beziehung gebracht hat. Es wäre dies aber auch deshalb nicht zulässig, weil die taktische Schulung und die Schießausbildung in beiden Flotten so verschieden waren, daß vieles auf personelle Einflüsse zu schieben ist, was man sonst geneigt sein könnte, als generelle Regel dem taktischen Rüstzeug des Flottenkampfes dauernd einzuverleiben. Man darf nicht ungerecht sein und von der russischen Flotte, die mit ungeschultem Personal besetzt war, als sie auslief, und den Kampf nie gesehen hatte, dieselben Leistungen verlangen wie von der japanischen, die eine lehrreiche Kriegszeit hinter sich hatte, aber eins hat diese Schlacht uns doch wieder vor Augen gestellt: Wer am Tage der Entscheidung nicht unvorbereitet gefunden werden will, muß schon im Frieden bemüht sein, die Ausbildung seines Personals so nahe an die Wirklichkeit des Krieges heranzuschieben, wie es irgend angängig ist. Wer an Geldern spart, die die hierzu nötigen Übungen erfordern, wer das Risiko für Schiffe und Menschen scheut, das sie bringen, der muß gewärtig sein, daß der teure Kriegsapparat seiner Flotte vergeblich geschaffen ist, denn „nicht Schiffe fechten, sondern Menschen".

Eine wichtige Lehre aber kann man aus der Schlacht in der Koreastraße auch für das Material ziehen: Gut bediente und taktisch richtig verwendete schwere Artillerie ist für die Entscheidung noch ausschlaggebender gewesen als man annahm und die geplanten Neubauten der Seestaaten ziehen daraus bereits die Folgerungen durch Erhöhung des Kalibers und der Zahl der Geschütze und eine weitere Erhöhung des Deplacements der Schlachtschiffe ist die Folge. Wir würden noch weiter hinter der Kampfkraft anderer Flotten zurückbleiben, als es jetzt schon der Fall ist, wenn wir nicht mit einem tüchtigen Schritt vorwärts hierin nachzuholen versuchen, was versäumt ist.

Ich habe in diesem Abschnitt das historische Bild zunächst nach der rein militärischen Seite hin vervollständigt. Ich habe die Weiterentwickelung der Flottenrüstung geschildert, wie sie sich aufbaut auf den strategisch-taktischen Anschauungen, die dem Kampf um die Seeherrschaft zugrunde liegen, und der letzte Krieg hat uns aus der Praxis heraus bestätigt, was theoretische Überlegung geschaffen hatte. Wir haben aber erkannt, daß dieses Kriegsbeispiel sich aufbaut auf Voraussetzungen, wie sie in der Vereinigung von überlegener Heeresmacht und Flottenmacht selten vorkommen werden und es ist daher die Annahme wohl erlaubt, daß gerade in der heutigen Zeit der Weltwirtschaftsstaaten dem Seekriege meist andere Aufgaben werden gestellt werden, als hier geschah. Wohl wird bei der heutigen Verteilung des Besitzstandes der Welt eine Mischung von Landkrieg und Seekrieg eine Rolle spielen, wird aber der Handelskrieg in irgend einer Form nicht mehr hervortreten, wird nicht die Beherrschung der Handelswege der See als Wirkung der Schlachtentscheidung in Konkurrenz treten mit der der Verbindungswege für den Landkrieg?

Ich habe als einen der Gründe für die Vielgestaltigkeit des Seekrieges schon die Abhängigkeit des Wirtschaftslebens aller Staaten von der See genannt. Ehe ich mich der Schilderung der Kriegsformen zuwende, die sich hieraus nach dem heutigen Stande des Seekriegsrechts ergeben, müssen wir noch kurz die Frage zu beantworten suchen, wie ist denn der heutige Zustand entstanden?

Gehe ich auf das uns bekannte Ergebnis der Napoleonischen Kriege zurück, so kann ich sagen: Im Beginn des 19. Jahrhunderts bildete die Welt einen einheitlichen Wirtschaftskörper. England vertrat in ihm damals fast allein den Typus des See- und Industriestaates, sein Handel war das Bindeglied zwischen England als workshop of the world und den übrigen Ländern, die — zum größten Teil agrarisch organisiert — ihm Rohstoffe und Bodenerzeugnisse lieferten und dafür seine Fabrikate aufnahmen. Je mehr nun die anderen Staaten sich von den Folgen der langen Kriegszeit erholten, je mehr ihre

Volkszahl wuchs, desto mehr vollzog sich in ihnen der Übergang vom Agrar- zum Industriestaat. Auch für sie bekamen die ausländischen, die überseeischen Absatz- und Einkaufsmärkte Wert, sie wurden allmählig zu Seehandelsstaaten und sodann auch zu Kolonialstaaten.

So entstand aus dem einheitlichen Wirtschaftskörper der Welt, der einseitig englisch organisiert war, eine Weltwirtschaft anderer Art. Alle großen Staaten haben sich in ihrer Wirtschaftsweise dem englischem Typus genähert und das Nebeneinanderhergehen dieser gleichartigen Wirtschaftsbetriebe auf der See kennzeichnet heute die Lage. Das Wirtschaftsleben aller Staaten ist heute — wenn auch in verschiedenen Maße so doch in derselben Weise wie das ihres Vorbildes England — abhängig von der See. Diese Abhängigkeit entsteht aber nicht allein durch Verkehr mit überseeischen Ländern, sie beruht auch darauf, daß der Wasserweg, namentlich für Massengüter, der billigere ist, so daß auch der Warenaustausch mit uns zu Lande benachbarten Ländern sich zum großen Teil über See vollzieht. Man kann heute ohne Übertreibung sagen: Die See ist die große Hauptstraße des gesamten Verkehrs geworden, alle anderen Handelsstraßen sind nur Anschlußlinien des Seeverkehrs. Drum hat aber auch die See erst diese Wichtigkeit für den Verkehr der Kontinentalstaaten gewonnen durch den Ausbau des Eisenbahnnetzes und der Binnenwasserstraßen und es handelt sich bei dem Ausbau der Verkehrswege im Lande sozusagen immer darum, einen Ort der See näher zu bringen.

Eine Folge dieses Ineinandergreifens der Verkehrswege für Warenbewegung ist denn auch, zusammen mit der Hilfe, die Post und Telegraph über die ganze Welt hin geben, gewesen, daß der Erzeuger und der Verbraucher der Waren mehr als früher in direkten Verkehr getreten sind. So ist eine Verschiebung der Handelszentren nach binnenlands entstanden, wie auch die Industrie, die ihre kaufmännischen Geschäfte jetzt selbst mitbesorgt, mit der Vervollständigung der binnenländischen Verkehrswege — ich denke dabei hauptsächlich auch an den Ausbau unseres Kanalnetzes — freier wird von der Beschränkung der Ortswahl. Überall im Lande sind Fabriken entstanden, deren Betrieb ruht auf der regelmäßigen Zuführung überseeischer Rohstoffe, die nur der heutige Seeverkehr so billig und in solcher Masse heranschaffen kann und deren Verteilung über das Land geschieht auf all den Straßen, die wir als Fortsetzungen des großen Verkehrsweges der See kennen gelernt haben. Dieselben Verkehrsmittel und Verkehrswege dienen dazu, die Fabrikate, soweit sie der innere Markt nicht aufnimmt, über die Welt zu verteilen und die Arbeitermassen zu ernähren, die die Großindustrie in ihren Arbeitsstätten ansiedelt. Daß dieser innere Markt, der immer noch für unsere Industrie die Hauptstätte des Absatzes bildet, seine Kaufkraft bewahren kann, wird aber außer durch die Aufnahmefähigkeit der ländlichen Bevölkerung dadurch ermöglicht, daß die Arbeiter, die sonst den Strom der Auswanderung vermehren würden, bei dem teilweisen Übergange zu industrieller Organisation der Volksarbeit im Lande bleiben und dort ihren Arbeitsverdienst verbrauchen können. Der Wohlstand jedes Volkes ruht also nach wie vor im Lande, sei es in Bodenschätzen, in Naturprodukten der Heimat oder in Werte schaffender Arbeit, aber die Wirtschaftsweise der Weltverkehrsstaaten bringt es mit sich, daß wir die See als Straße nicht entbehren können.

Hieraus ergibt sich die Stellung der heutigen Weltverkehrsstaaten zum Kriege. Der Landkrieg muß, wo nicht wie bei dem Inselreiche England die Flotte dies mit besorgt, den territorialen Besitz wahren und die heimische Arbeit schützen. Dem Seekriege ist von dem ganzen Verkehrs- und Wirtschaftsapparat, den wir kennen gelernt haben, nur ein Glied zugänglich, der Seehandel, aber seine Unterbindung bringt fast den ganzen Betrieb zum Stillstand und zeigt, daß das ganze Land abhängig ist von der See und damit vom Seekriege. Drum war es ein Argument, das man nur dem Unverstand der verhetzten Massen bieten konnte, als man in der Agitation gegen das Flottengesetz vorschlug, die Kosten dafür den Rhedern und Großkaufleuten der Seestädte aufzulegen, „weil diese allein den Nutzen davon hätten". Denn nicht nur die Küste wird geschädigt, wenn der Feind unsere Häfen schließt, sondern das ganze Land. Seine Schiffe müssen Halt machen, wo die See endet, aber über die Küste hinweg greift die gepanzerte Hand der Seeherrschaft, sie pocht an das Kontor des Kaufmanns drinnen im Lande, an die Tore der Fabriken in die großen binnenländischen Zentren der Industrie, wie an die Türe des Arbeiters.

Solcher Verletzlichkeit für den Seekrieg, die für England schon lange vorhanden war, nähern sich die Festlandsstaaten immer mehr und dadurch hat sich das Verhältnis, das am Ende der Napoleonischen Kriege bestand, verschoben: Die wirtschaftliche Abhängigkeit des Kontinents von England, die der Beginn des vergangenen Jahrhunderts gebracht hatte, besteht heute nicht mehr, sie hat sich dadurch in eine militärische verwandelt, daß die Festlandsstaaten verwundbarer geworden sind für Englands Hauptwaffe, den Seekrieg. So ist ihnen, als den Konkurrenten Englands, die Flottenrüstung aufgezwungen worden, die ihrem Anteile am Seeverkehr entspricht.

Die kurze Schilderung des Wesens der heutigen Weltverkehrsstaaten und die vorangeschickte Beschreibung der modernen Waffen des Seekrieges werden es nun ermöglichen, die Formen zu besprechen, deren der Seekrieg sich heute bedienen wird, um den Feind zum Frieden zu zwingen. Diese Formen sind in allen Kriegsfällen insofern gleich, als die Erringung der Seeherrschaft stets das erste Ziel der Kriegführung sein muß; sie zerfallen aber, was die Ausnutzung des durch die Schlacht Gewonnenen anbetrifft, wie wir wissen in zwei große Gruppen: die Ausnutzung am Lande und die Ausnutzung auf der See. Zwischen beiden bildet der Kolonialkrieg den Übergang wie die Grenze. Das Zusammenwirken von Landkrieg und Seekrieg haben wir bei Besprechung des russisch=japanischen Krieges kennen gelernt, ich wende mich nun der zweiten großen Gruppe von Kriegshandlungen zur Ausnutzung der Seeherrschaft zu, den modernen Formen des Handelskrieges geschildert auf der Grundlage des internationalen Seekriegsrechtes.

Das Seekriegsrecht ist ein Teil des internationalen öffentlichen Seerechts und hat — darüber muß man sich von vornherein klar sein — gerade wie dieses weder universelle noch absolute Bedeutung, d. h. seine Normen sind nicht von allen Staaten gleichmäßig anerkannt und es hat außerdem weder einen Gesetzgeber noch einen Gesetzesvollstrecker. Das Seekriegsrecht beruht nur zum geringsten Teil auf Verträgen und es bestehen in seinem Gebiet noch viele Fragen, in denen eine Übereinstimmung sich wohl schon deshalb nie wird erzielen lassen, weil kein Staat sich für künftige Kriegsfälle festlegen will, deren Konsequenzen sich vielfach gar nicht übersehen lassen. Aber auch in dieser unfertigen Gestalt hat das Seekriegsrecht Wert, ein=

mal als Mittellinie, von der abzuweichen immer unbequem ist, weil solche Abweichung der internationalen öffentlichen Meinung gegenüber doch motiviert und, was mißlicher ist, oft mit Waffengewalt vertreten werden muß, dann aber auch weil es durch seine systematische Gliederung des Stoffes einen Einblick in die ganzen Verhältnisse des Seekrieges gibt. Dies letztere soll auch uns zu statten kommen.

Für unsere Zwecke kann als Grundlage dienen, daß das internationale Recht das Recht, Krieg zu führen, als höchstes Souveränitätsrecht der Staaten hinstellt. Dieses Recht wird im Interesse aller auch von allen anerkannt, aber man hat es, um unnötige Schädigung Neutraler zu verhindern, mit Kautelen umgeben. So entstehen neben den Rechten der kriegführenden Staaten die Rechte der Neutralen und die Pflichten der Neutralen.

Die Grundanschauung des internationalen Seerechts von der Freiheit des Meeres kann im Kriege nicht völlig maßgebend bleiben. Wenn die See im Frieden die freie Fahrstraße aller ist, auf der Niemand ein Hoheitsrecht zusteht außerhalb der Schiffe, die seine Flagge tragen, so werden mit Ausbruch eines Krieges den Kriegführenden gewisse Rechte zugestanden, die sie im Frieden nicht besaßen und die sie ausüben dürfen im Kriegsgebiet, d. h. auf dem offenen Meer und in den Hoheitsgewässern der kriegführenden Staaten. Diese Rechte, die auch weiter gehen als die dem Landkriege zugestandenen, sind:

a) **Das Seebeuterecht**, d. h. das Recht zur Fortnahme feindlichen Privateigentums auf See. Der Landkrieg kennt es nicht, aber er braucht es auch nicht. Wer feindliches Land besetzen kann — wir erkennen hier den Kolonialkrieg als Grenzgebiet, dessen Wichtigkeit wächst mit der Wichtigkeit, die die Kolonien für das Vaterland haben — hat Mittel genug, um den Frieden zu erzwingen. Der reine Seekrieg aber muß die Möglichkeit haben, allein auf der See eine Schädigung auszuüben, die der Feind schwerer empfindet als das, was man als Friedensbedingung ihm auferlegen will, sonst kann er den Frieden nicht erzwingen, er kann das höchste Souveränitätsrecht der Staaten, das Recht Krieg zu führen, nicht ausüben. Diese Anforderung steht aber höher als alle Forderungen der Humanität, mit denen das Verlangen nach Abschaffung des Seebeuterechts oft motiviert wird.

IV. Die heutigen Weltverkehrsstaaten und der Seekrieg.

So entsteht auch b) das Prisenrecht, d. h. die Berechtigung selbst neutrale Schiffe für „gute Prise" zu erklären und fortzunehmen, wenn sie eine rechtsgültige Blockade brechen oder wenn sie dem Feinde Kriegskontrebande zuführen. Aus dem hier den Kriegführenden Zugestandenem ergibt sich dann von selbst

c) das Visitationsrecht, das sie ermächtigt, im Kriegsgebiet alle Kauffahrer anzuhalten, um Nationalität, Ladung und Bestimmung festzustellen.

Darüber, daß diese Rechte bestehen, sind alle Staaten sich einig, trotzdem sind weitgehende Differenzen bei ihrer Anwendung nicht ausgeschlossen. Uns allen ist noch in Erinnerung, daß es zur Zeit des Burenkrieges für unberechtigt angesehen wurde, als englische Kriegsschiffe deutsche Dampfer in der Gegend von Aden anhielten, und daß England selbst im letzten Kriege es als eine unzulässige Ausdehnung des Visitationsrechtes ansah, als in derselben Gegend die Schiffahrt nach Ostasien von russischen Kreuzern kontrolliert wurde. In beiden Fällen handelte es sich um Verschiffungen nach einem bestimmten, eng umgrenzten Kriegsgebiet und man kann es verstehen, wenn als unberechtigte Belästigung neutraler Schiffahrt empfunden wurde, was fernab vom Sitz des Krieges geschah. Wer aber will dem Visitationsrecht Grenzen ziehen, wenn einmal wieder ein großer See- und Kolonialkrieg die ganze Welt umspannt?

Wie es sich hier um räumliche Begrenzung anerkannter Rechte handelte, so kann an anderer Stelle die genaue Formulierung der Begriffe Schwierigkeiten machen. Was ist eine effektive Blockade? Die Pariser Seerechtsdeklaration setzt fest, eine solche müsse „durch eine Streitmacht aufrechterhalten werden, die hinreicht, um den Zugang zur Küste des Feindes wirklich zu verhindern". Weist da nicht jeder durch Zufall oder sonstwie geglückte Blockadebruch die Ineffektivität nach und rechtfertigt Einsprüche Neutraler?

Aber auch bei der Blockade spielt die räumliche Begrenzung eine Rolle. Die Vereinigten Staaten wollen das Prisenrecht beginnen und enden lassen mit der Reise, danach läge schon Blockadebruch vor, wenn einem Schiff, das noch tausende von Meilen von seinem Bestimmungsort entfernt ist, die Absicht nachgewiesen werden könnte, einen blockierten Hafen anzulaufen, und amerikanische Kreuzer hätten vor der Elbe stationiert werden können, um die Schiffahrt nach dem für blockiert erklärten Hafen von Havanna zu überwachen.

Dehnbar und daher kontrovers ist dann ferner, wie uns allen vom letzten Kriege her bekannt ist, der Begriff der Kriegskontrebande. Um dies zu erläutern, muß ich zunächst darlegen, welche Formen des Handelskrieges den hier besprochenen Grundsätzen des Seekriegsrechts entsprechen. Die schärfste Form, um mit wirtschaftlichen Mitteln auszunutzen, was der Erfolg der Schlacht dem Sieger zu tun gestattet, ist die **Handels=Blockade**, d. h. die dauernde Aufstellung vor den feindlichen Häfen oder an der feindlichen Küste, um allen, auch den neutralen, Handelsverkehr über See zu verhindern. Sie ist nach der Definition der effektiven Blockade nur möglich, wenn die Blockadeschiffe sich dauernd im Blockadegebiet halten können, also nur wo völliges Übergewicht errungen ist und auch die Reste der feindlichen Flotte durch die Kriegsblockade so fest in ihren Häfen eingeschlossen werden, daß sie die Blockade nicht stören oder zeitlich hindern und damit für Neutrale unverbindlich machen können. Die Handelsblockade, die sich an den Begriff der Kriegskontrebande gar nicht kehrt, sondern alles Kaufmannsgut, gleichviel welcher Art und welcher Nationalität, fortnimmt, das das Blockadegebiet passiert, ist daher nur ein Kriegsmittel des Stärkeren, d. h. dessen der Sieger geblieben ist im Kampf um die Seeherrschaft.

Auf anderer Grundlage steht der **Kreuzerkrieg**. Auch seine Erfolge hängen ab von der militärischen Macht, mit der er betrieben wird, aber auch der darf ihn ausüben, der nicht stark genug ist, um die Blockade zu errichten. Auch ihm bleibt das Recht, im Kriegsgebiet Handelsschiffe des Feindes und neutrale Schiffe mit Kriegskontrebande fortzunehmen. Diese zweite Form des Handelskrieges ist, außer der Beschränkung auf das Kriegsgebiet, nach strikter Rechtsauffassung an keinen Ort gebunden, sie kann ausweichen vor der Übermacht, sie kann daher auch mit einzelnen, wenig kampfkräftigen Schiffen betrieben werden. Der Kreuzerkrieg hat also die Seeherrschaft nicht zur absoluten Bedingung, er wird aber — und hier beginnt wohl der Irrtum der französischen neuen Schule — doch nur ernsthaften Erfolg haben, wenn er sich mit Kampfkraft auf den Haupthandelsstraßen, namentlich in der Nähe des feindlichen Landes behaupten kann. Wird er abgedrängt in

108 IV. Die heutigen Weltverkehrsstaaten und der Seekrieg.

das freie Meere oder in entlegnere Gebiete, so wird er auch immer mehr als eine unberechtigte Belästigung des neutralen Handels betrachtet und von kräftigen Neutralen nicht geduldet werden. Hier berührt sich also wieder die Rechtsfrage mit der Machtfrage und dasselbe gilt von der Definition der Kriegskontrebande. Je weiter ich den Begriff der Kriegskontrebande ausdehne, desto mehr Schaden werde ich, absichtlich oder unabsichtlich, nicht nur der Kriegführung, sondern auch dem Wirtschaftsleben des Feindes zufügen. Man braucht hierbei nur daran zu denken, daß im russisch-japanischen Kriege Kohlen, Lebensmittel, Eisenbahn- und Telegraphenmaterial als Kontrebande galten, um sich auszumalen, wie solche Begriffsbestimmung wirken würde auf ein Land, das auch für den allgemeinen Betrieb auf überseeische Einfuhr dieser Dinge angewiesen ist. Solche Definition der Kriegskontrebande nähert sich, auch was den neutralen Handel angeht, der Blockade. Denn selbst, wenn man erklärt, nur Güter solcher Art fortnehmen zu wollen, die für die Kriegführung bestimmt sind, so läßt sich solche Unterscheidung doch schwer durchführen, die Belästigung des Handels bleibt und damit die Verteuerung der Ware. Die Abwehr solchen Versuches, eine der Blockade nahekommende Wirkung zu erzielen, ohne den hohen militärischen Einsatz dafür zu wagen, den diese erfordert, werden sich die Neutralen allerdings wohl angelegen sein lassen und wir sehen, daß England im letzten Kriege in diesem Sinne mit Erfolg tätig war. Anders gestalteten sich die Dinge, als seiner Zeit das seestarke England selbst Krieg führte. Die papierene, d. h. ineffektive Blockade zur Zeit der Kontinentalsperre war solch Mittelding zwischen Blockade und Kreuzerkrieg, die alles Kaufmannsgut, das sich den englischen Maßregeln nicht unterwarf, für Kriegskontrebande erklärte und fortnahm. Man kann dies als Ausdehnung des Seebeuterechts auf Neutrale bezeichnen; es ist nur möglich, wo die Neutralen zu schwach sind, um sich zu wehren.

Aber auch das Umgekehrte kann eintreten: das Recht, Krieg zu führen, kann geschmälert werden, wo übermächtige Neutrale der Kriegführung die Grenzen zu eng stecken. Wäre es im letzten Kriege nach dem Willen englischer Heißsporne gegangen, die in der National Revue erklärten, die baltische Flotte Rußlands dürfe gar nicht bis in die japanischen Gewässer gelangen, denn das bedeute eine Schädigung des englischen Handels, so wäre solch ein Fall eingetreten. Es spricht aus dem Artikel die Stimme derer, die am liebsten nur England das Recht zuerkennen möchten, überseeische Kriege zu führen, oder in Fällen, wo England neutral ist, wenigstens bestimmen möchten, wieweit jeder der beiden Gegner gehen darf.

Neben der Überwachung des neutralen Handels zur Abhaltung von Kriegskontrebande steht die andere Aufgabe des Kreuzerkrieges: die Ausübung des Seebeuterechts. Die militärischen Maßnahmen, die es bedingt, gliedern sich in Angriff auf den feindlichen Handel und in Schutz des eigenen.

Daß der Angriff auf die Handelsschiffe des Feindes wie aller Kreuzerkrieg am wirksamsten sein wird, wenn er sich auf die Seeherrschaft stützt, habe ich schon erwähnt, ich habe auch darauf hingewiesen, daß die Aussichten dafür, daß das Seebeuterecht einmal abgeschafft werden könne, gering sind. Je nach den Aussichten, die die einzelnen Staaten zu haben meinen, um im Kriege den eigenen Handel zu schützen und den des Feindes zu schädigen, richtet sich denn auch bezeichnenderweise ihre Stellungnahme zu der Frage des Rechtes auf Seebeute. Das seestarke England hat von der Abschaffung des Seebeuterechtes nie etwas wissen wollen und in den Vereinigten Staaten, die seinerzeit der Pariser Seerechtsdeklaration von 1856 nicht beitreten wollten, weil nicht zugleich mit der Abschaffung der Kaperei die Freiheit des Privateigentums im Seekriege erklärt wurde, haben mit dem Ausbau ihrer Flotte diesen Standpunkt geändert. Den Krieg gegen das zur See schlecht gerüstete Spanien haben sie durch Angriff auf dessen Seehandel eingeleitet. Es sei bei dieser Gelegenheit erwähnt, daß es dem Schwächeren auch Schwierigkeiten machen wird, seine Prisen in Sicherheit zu bringen. Hierauf beruht aber gerade die lukrative Seite solcher Kriegführung, die den „nährenden Seekrieg" für England entstehen ließ. Wenn der Angriff auf den Handel des Feindes nichts einbringt, fällt auch von selbst die heute für illegal erklärte Ausübung des Seebeuterechtes, die Kaperei.

Nach der Form des Angriffs auf den Handel richtet sich dessen Schutz. Er wird am wirksamsten ausgeübt werden, wenn man die aussichtsvollsten Gebiete des Handelsangriffs, die Konvergenzpunkte der Handelsstraßen, besetzt hält und außerdem bestrebt ist, die Handelszerstörer des Feindes in ihren Häfen festzuhalten. Solch Handelsschutz ist auch bei der Empfindlichkeit für Störungen des Seeverkehrs, die die Abhängigkeit der heutigen Weltverkehrsstaaten von der See und die internationale Handelskonkurrenz geschaffen haben, insofern am günstigsten, weil er den Kauffahrern keinerlei Beschränkungen für den einzuschlagenden Weg oder für den Zeitpunkt der Abfahrt auferlegt. Ein Zurückgreifen auf die frühere Form des Handelsschutzes, den Convoi, wäre schwer durchführbar bei einer Schiffahrt, die vom Segelschiff bis zum Schnelldampfer Schiffe der verschiedensten Art und der verschiedensten Geschwindigkeit umfaßt und die zum großen Teil in festen Dampferlinien organisiert ist, deren Schiffe und deren Fahrplan sich einem Convoi nicht anpassen könnte ohne schwere Schädigung der Leistungsfähigkeit und des Ertrages. Wo aber die Rentabilität der Schiffe leidet und die Transportkosten der Waren dadurch steigen, daß man sie dem Convoi zuliebe an bestimmte Zeiten und Wege bindet, da tritt der Konkurrent ein, der, unbehindert vom Kriege, billiger liefern kann. So fügt man dem Feinde schon einen Schaden zu, wenn man ihn überhaupt zum Convoi zwingt, man braucht ihm dazu noch nicht ein einziges Schiff fortzunehmen. Würde wohl heute ein Staat instande sein, die Konkurrenz dadurch niederzuhalten, daß er den Neutralen dieselben Schwierigkeiten auferlegt, die er selbst erduldet?

Der Überblick über die Formen des Handelskrieges hat uns gezeigt, wie diese Kriegsart ihre Kreise zieht über die ganze Welt. Als Blockade legt sie sich um die feindliche Küste und je näher die beiden kriegführenden Länder einander liegen, desto enger ist diese Form des Handelskrieges verknüpft mit dem Kampf um die Seeherrschaft in den heimischen Gewässern. Als Kreuzerkrieg reicht er bis in die entferntesten Gegenden, in denen die beiden Gegner noch Handelsbeziehungen haben, aber auch bis dahin bleibt er abhängig von der Offenhaltung der Wege zur Heimat, die auf die Dauer doch auch für ihn die Kraftquelle bleibt, d. h. von der Seeherrschaft dort. So entsteht in solchen Kriegen, wo einander nahe liegende Länder — England und Deutschland, England und Frankreich — sich befehden, ein Hauptkriegsschauplatz in der Heimat und Nebenkriegsschauplätze jenseits des Ozeans.

Anders liegt die Sache, wenn Krieg geführt werden soll mit einem Lande, von dem der Ozean uns trennt, und es handelt sich für die Seeherrschaft dann nicht mehr um die Offenhaltung der Wege nach den Nebenkriegsschauplätzen draußen sondern um Überbrückung des Raumes zur Schaffung eines Hauptkriegsschauplatzes jenseits des Meeres. Ist nun die Flotte von heute der Aufgabe gewachsen, die hieraus für sie entsteht? Diese Aufgabe ist schwieriger geworden durch die Umgestaltung der Besitzverhältnisse auf der Erde, d. h. dadurch daß die Entstehung kampfkräftiger Staaten jenseits des Ozeans — Amerika, Japan — außereuropäische Hauptkriegsschauplätze geschaffen und daß die Ausbreitung und Verflechtung der Seeinteressen und des Kolonialbesitzes aller Länder den Wert der überseeischen Nebenkriegsschauplätze gesteigert hat. Sie ist weiter dadurch erschwert, daß die vom Dampf bewegte, mit Kohlen gespeiste moderne Flotte abhängiger von der Ergänzung der Vorräte geworden ist, als die Segelflotte es war. Sie bedarf in höherem Maße als diese der Hilfe, mögen dies nun mit Vorräten versehene Etappenpunkte sein oder Troßschiffe, Basispunkte für Operationen, Schutz- und Ruhehäfen gegen die Beunruhigung durch die neu erfundenen Angriffsmittel oder endlich Reparaturhäfen, die einer Flotte, die fern der Heimat Krieg führt, zu neuer Gefechtsbereitschaft verhelfen sollen.

Alle diese Bedürfnisse zusammen haben das Netz von Stützpunkten geschaffen, das heute die Erde überzieht und für die Staaten, die nicht überallhin von eigenen Stützpunkten getragen werden, tritt das internationale Recht ein. Dies zeigt die Anreise der russischen Ostseeflotte nach den ostasiatischen Gewässern. So sehr auch hierüber die Auffassung der Staaten in einzelnen Punkten differierte, das Recht, sich mit Hilfe der Neutralen an den Kriegsschauplatz heranzuschieben, hat man ihr zugestanden, erst wo die eigentliche Kriegshandlung beginnt, d. h. wo die Benutzung eines Hafens diesen zu einer Operationsbasis machen würde, wird die Hilfe der Neutralen versagt. Ich glaube, man hat damit nur folgerichtig im Sinne des allgemeinen Grundsatzes gehandelt, daß das Recht, Krieg zu führen, allen Staaten gewahrt bleiben muß. Die Freiheit des Meeres bliebe ein Vorzugsrecht für wenige Auserwählte, wenn nicht auch den Staaten, die keine Stützpunkte in jedem Teil der Welt haben, das Recht der Seefahrt im Kriege gewahrt würde, das sie brauchen, um ihre überseeischen Interessen mit bewaffneter Hand zu schützen.

IV. Die heutigen Weltverkehrsstaaten und der Seekrieg.

Wie steht es denn überhaupt mit der Rolle, die die schwächeren Seestaaten, die sogenannten Flotten zweiten Ranges im Seekriege und bei der Vertretung ihrer Seeinteressen im Frieden spielen werden? Wenn alles im Kriege von der Erkämpfung der Seeherrschaft abhängt, hat dann die strategische Defensive überhaupt noch eine Berechtigung? Durch alle unsere Betrachtungen hindurch zieht sich neben der Betonung des Strebens nach Seeherrschaft der Gedanke, daß auch das Maß des geleisteten Widerstandes über den Erfolg im Kriege entscheidet. Aber auch die Defensive muß streben nach Kampf. Die Defensivschlacht soll darauf ausgehen, dem Feinde so viel von seiner Kraft zu nehmen, daß der Rest zur offensiven Ausnutzung des Gewonnenen — zur Errichtung einer effektiven Blockade, zum Ansetzen des Landkrieges — nicht ausreicht. Auch die Flotte des Schwächeren kann dem stärkeren Gegner einen Preis stellen, den er zahlen muß, wenn er seinen Willen durchsetzen will, drum muß ihre Stärke, wo nicht die Beziehungen zum Landkriege obenan stehen, im richtigen Verhältnis bleiben zu dem Nutzen, den das Erwerbsleben des Staates aus der See zieht. Die Motive zu unserem Flottengesetz charakterisieren eine solche Defensivflotte in den Worten: „Deutschland muß eine so starke Schlachtflotte besitzen, daß ein Krieg auch für den seemächtigsten Gegner mit derartigen Gefahren verbunden ist, daß seine eigene Machtstellung in Frage gestellt wird." Diese Formulierung leitet nun von rein militärischen Erwägungen hinüber auf das politische Gebiet. Sie regt die Frage an: welche weiteren Konflikte können aus solchem Kriege für den Sieger entstehen, wird nicht die Machtverschiebung, die eine gänzliche Niederwerfung Deutschlands dem Sieger bringen würde, uns Bundesgenossen werben, würde nicht die Kriegsdrohung sie uns schon schaffen, die auch dem Handel Neutraler Schwierigkeiten in Aussicht stellt? Man sieht: Vorbedingung auch für solche Hilfe ist immer eine starke Flotte, die den Gegner im Kriege schwächt und so der Einsprache Dritter Gewicht verschafft, oder die dem als Bundesgenosse sich anbietet, der im eigenen Interesse den Krieg verhindern will, und wie die Verschlingung der Seeinteressen Anlaß zu Reibungen und damit zum Kriege geben wird, so kann sie auch vorbeugend oder friedebringend wirken.

Welche weitere Kreise solch ein Krieg — und Deutschland steht hier nur als Beispiel — ziehen würde, welche neuen Gegner dem Sieger aus der Drachensaat des Krieges erstehen könnten, ist schwer im voraus zu übersehen. Eins aber kann man im Gegensatz zu früheren Zeiten wohl als feststehend annehmen: Die Verflechtung der Seeinteressen aller Staaten über die Welt hat eine Interessensolidarität geschaffen, die die Alleinherrschaft eines Staates auf der See, wie sie die Napoleonischen Kriege gebracht hatten, nicht wieder dulden würde. Wie das England von 1810 sich beinahe an der Kontinentalsperre verblutet hätte, ohne im Kriege besiegt zu sein, so würde das heutige Weltreich England einen Weltbrand trotz aller Stärke seiner Flotte kaum vertragen können, am wenigsten aber mit einer Lücke in seiner Rüstung, wie sie das Niederringen eines kampfkräftigen Gegners ihm eintragen würde.

So führt uns die Betrachtung der Verhältnisse des Krieges hinüber zur Politik, deren Mittel er ja ist, wo die anderen ihr versagen. Die politische Lage von heute aber ist das Produkt historischer Entwickelung. Hier schließt sich also der Ring unserer Betrachtung, die sich zum Ziele setzte, den Seekrieg als Kriegs= mittel und damit als Mittel der Kulturentwickelung der Völker in unser historisches Denken einzufügen. Denn ich sehe in den Einzelbildern, die ich meinen Lesern vorgeführt habe, nicht nur Entwickelungsstufen in der Geschichte des Seekrieges sondern charakteristische Epochen der Weltgeschichte, wenn wir sie von der See her betrachten und dadurch unseren Blick schärfen wollen für den heutigen Zustand des Völkerlebens.

Die Loslösung der Kriegsflotte von der Handelsflotte fällt zusammen mit dem Aufkommen der nordischen Seestaaten, Holland und England. Wie Spanien auf der See vor diesen beiden Staaten zurückweichen mußte, so wird diese Zeit auch dadurch zu einem wichtigen Wendepunkt in der Geschichte, daß Frankreich immer mehr zur Vormacht auf dem Kontinent wurde. Und wenn ich die Folgen der Trennung beider Flotten schildere bis zum Ende des spanischen Erbfolgekrieges, so schließt dies nicht nur die Erledigung des holländischen Handelsrivalen als eine Etappe im Vorschreiten Englands zu seiner Seemachtsstellung ein, sondern es zeigt zugleich, wie die erste Zeit französischer Expansionspolitik — das Zeitalter Ludwigs XIV. — es England möglich machte, durch Kombination vom Land= und Seekrieg sich so fest in den Sattel zu setzen, daß ihm der Weg zu weiterem Vorschreiten bereitet war.

Englands Teilnahme an den Bündniskriegen gegen die französische Republik und das Kaiserreich fällt zusammen mit der zweiten Periode französischer Machterweiterung am Lande, die England auf der See Vorteile verschaffte. Wir sehen die Segelkriegsflotte auf der Höhe ihrer Leistungsfähigkeit, der Seekrieg stellt sich als gleichberechtigt neben den Landkrieg, der Inselstaat, der sich die See erobert hat, neben die Kontinentalstaaten. So entsteht die Zeit der kommerziellen und industriellen Alleinherrschaft Englands; der Umschwung, der sie in seinen Folgen zu einer Vormachtsstellung umwandelte, kam in den 60er Jahren des vorigen Jahrhunderts.

Der amerikanische Sezessionskrieg ist schon ein Vorbote der neuen Zeit. Er führt uns nicht nur die neuen Waffen des Seekrieges vor, das Dampfschiff, den Panzer, Sporn, Torpedo, Mine und Unterseeboot, er bedeutet auch politisch den Beginn einer neuen Ära. Denn die wirtschaftlichen Konkurrenten Englands, die in Europa wie drüben jenseits des Atlantischen Ozeans sich zu regen begannen, konnten erst mit Erfolg als Mitbewerber auf dem Weltmarkt auftreten, wenn sie sich politisch konsolidierten. Die Aussöhnung zwischen Süd und Nord, die der Sezessionskrieg anbahnte, legte den Grund zu der politischen Machtstellung der Unionsstaaten, und noch ehe dieser Kampf beendet war, begannen mit dem dänischen Kriege von 1864 die Einheitsbestrebungen Deutschlands, die mit der Gründung des Deutschen Reiches ihren Abschluß fanden und zugleich den italienischen Einheitsstaat entstehen ließen. Damit war an Frankreichs Ostgrenzen, am Mittelmeer und in den Alpenländern wie am Rhein, ein Zustand beendet, der seine Kräfte in Anspruch genommen und sie der See entzogen hatte. Der schnelle Aufbau eines neuen französischen Kolonialreiches war die Folge.

Bedeutsamer noch wurde diese Zeit für Deutschlands Beziehungen zur See. Es hatte unter Preußens Führung mit politischem Geschick und mit voller Einsetzung seiner militärisch organisierten, von nationaler Begeisterung getragenen Volkskraft gezeigt, daß es — zum ersten Male seit Jahrhunderten — sich französischer Angriffe erwehren könne, ohne Englands Bundesgenossenschaft in den Kauf nehmen zu müssen. Teuer genug hatte es sie bezahlt, denn englische Einmischungsgelüste bei jedem kontinentalen Konflikt und langjährige wirtschaftliche Abhängigkeit waren die Folge gewesen. Erst die glorreichen Erfolge unserer Heere haben Deutschland auf dem Festland den Rücken frei gemacht und ihm die Möglichkeit gegeben, hinauszugehen auf das Meer. Während dieser Umschwung der Dinge in Europa sich vollzog, hatten sich die Unionsstaaten durch dichtere Besiedelung ihres Besitzes und Vermehrung der Verkehrsstraßen nach dem Westen immer mehr auch zu einer pazifischen Macht ausgestaltet und im Jahre 1869, in demselben Jahre, da der Suezkanal England den Mittelmeerweg zu seinem indischen Besitz in Asien erschloß und seinen politischen Beziehungen im Süden von Europa neue hinzufügte, wurde im äußersten Osten die Wiederherstellung der Mikadoherrschaft für Japan der Anstoß zum Eintritt in den Wettbewerb der Völker auf dem Meere.

So ist der Sezessionskrieg nur ein Glied in der Kette der Ereignisse, die, in den sechziger Jahren des vergangenen Jahrhunderts beginnend, den heutigen Zustand herbeiführten, und den ich als die Staatengemeinschaft der Seestaaten bezeichnen möchte, anders ausgedrückt als den bewaffneten Frieden zur See. Er begann, als England, das in den Zeiten seiner wirtschaftlichen Alleinherrschaft den Schiffsbestand hatte sinken lassen, im Jahre 1889 420 Millionen Mark zu einer sprungweisen Vermehrung seiner Flotte mit dem naval defence act auf den Etat brachte. Frankreich, Italien und Rußland bauten ihre Flotten weiter aus, im Jahre 1891 lief in Deutschland mit der „Brandenburg" das erste seegehende Panzerschiff von Stapel, 1893 in den Vereinigten Staaten, 1896 in Japan.

Der bewaffnete Friede, der vielen Menschen als ein Unding erscheint, ist, glaube ich, mit dem Sinn und Zweck des Krieges wohl vereinbar und nur Utopisten, die auch die Notwendigkeit des Krieges nicht zu erkennen vermögen, werden ihn verurteilen. Wie der Krieg die Erzwingung des Friedens nach unseren Bedingungen sich zum Ziele setzt, so will der bewaffnete Friede die Mittel zum Kriege in solcher Stärke und in solcher Kriegsbereitschaft hinstellen, daß der Feind, d. h. der Staat, mit dem wir in einen Interessenkonflikt geraten sind, im Frieden beharrt unter unseren Bedingungen. In bezug auf die Kriegsbereitschaft ist es zweckmäßig, sich einen wichtigen Unterschied zwischen Landkrieg und Seekrieg stets vor Augen zu halten. Eine Flotte bedarf in ihrer Organisation höherer Annäherung an den Krieg als die Armee und sucht sie zu erreichen durch Indiensthaltung kriegsbereiter Verbände schon im Frieden. Dies ist nicht nur dadurch bedingt, daß die Bereithaltung des Materials und die Verschmelzung von Material und Personal zu einem leistungs= fähigen Ganzen für den hochentwickelten aber äußerst kom= plizierten Schlachtenapparat der heutigen Zeit sich nur auf diese Weise erreichen läßt, sondern es ist auch erforderlich wegen der Eigenart des Seekrieges. Auch für die Armee ist Kriegs= bereitschaft notwendig, aber das Festhalten der Grenzen wahrt im schlimmsten Falle doch den eigenen Besitzstand. Wenn der Seekrieg beginnt, liegt zwischen den beiden Ländern als gemein= samer Besitz das Meer. Wer imstande ist, gleich im Beginn seine Grenze vorzuschieben bis an die Küste des Feindes, wer, um einen englischen Ausspruch aus letzter Zeit zu wiederholen, den ersten Schuß feuern kann, noch ehe die Kriegserklärung in den Zeitungen des anderen Landes zu lesen ist, der nimmt die See für sich in Beschlag und verschließt sie dem Feinde, er schädigt schon im Anmarsch. Wer aber zu solcher offensiven Kriegführung nicht stark genug ist, der muß dem angreifenden Feinde wenigstens gleich mit bewaffneter Hand entgegentreten, um die völlige Beschlagnahme der See zu verhindern.

Das ist es, was ich unter bewaffnetem Frieden verstehe. Was sind nun unsere Bedingungen für die Erhaltung des Friedens? Man soll der friedlichen Ausbreitung unseres Handels und unserer Industrie, auf die wir angewiesen sind, wenn wir als Volk nicht sterben wollen, keine Hindernisse in den Weg legen. Auch in dieser Ausbreitung unseres Wirtschaftslebens auf Gebiete, in denen unsere Konkurrenten dieselben Rechte zu haben vermeinen wie wir, liegt aber ein Wettstreit, ein fried= licher Angriff, wenn man so will. Auf der bewohnbaren Erde kreuzen und bedrängen sich die Handels= und Verkehrsinteressen der Völker und so ist ein Interessenkonflikt bald einmal da. Je mehr er wirkliche Lebensinteressen betrifft, desto näher rückt auch trotz aller Friedensversicherungen und Friedenskongresse seine blutige Lösung, der Krieg, und bezeichnend für die Zwischen= stadien sind Ausdrücke wie Kampfzölle und Zollkrieg. Wer da am besten gerüstet ist zum wirklichen Kriege, der wird seine Interessen auch in dem diplomatischen Vorstadium, dem die ultimo ratio des Krieges ja nicht immer zu folgen braucht, am besten vertreten, denn hinter seinen diplomatischen Noten steht die Macht, sie einzulösen, wie der Barvorrat einer Bank hinter ihrem Papiergeld.

Ich habe versucht, durch Schilderungen aus der Vergangenheit und durch Darstellung der jetzigen Verhältnisse dem Interesse für den Seekrieg entgegenzukommen. Je mehr aus diesem Interesse wirkliches Verständnis dafür wird, was ein Seekrieg für unser ganzes Volksleben bedeutet, desto besser. Denn ein großer Seekrieg wird zu einem Volkskriege in ganz anderer Art werden wie der Landkrieg, für den dieses Wort entstanden ist. Die Kriegsrüstung für den Seekrieg ruft nur einen geringen Teil unseres Volkes zu den Waffen. Denn es ist gerade ein Zeichen seiner Sonderart, daß er weniger Menschen braucht wie der Landkrieg, in dem „das Volk in Waffen" das Vaterland verteidigt. Die Summe der englischen Schiffsbesatzungen bei Trafalgar betrug 17000 Mann und der Sieg wurde erfochten mit einem Verlust von 443 Toten und 1227 Verwundeten. Einen solchen Kampf würde man im Landkriege, auch nach den Verhältnissen der damaligen Zeit, kaum eine Schlacht nennen und in welchem Verhältnis stehen diese Zahlen zu seinem die Welt umspannenden Erfolge! Dafür ruht beim Seekriege auch nur ein Teil der Entscheidung bei dem direkten Erfolge der Waffen. Daß England einen größeren Teil seines Volkes bei der Arbeit lassen konnte wie seine den Landkrieg führenden Verbündeten, das gibt seinen Kriegen und der Mischung von Kriegführen und Geldverdienen gerade das Gepräge. Was diesem Lande der Seekrieg gebracht hat, ist doch nur zum Teil mit den Waffen erkämpft worden, ebensoviel verdankte es schon während des Krieges dem Wagemut seiner Kaufleute, der Anpassungsfähigkeit seines Handels, dem tapferen Ausharren in wirtschaftlicher Bedrängnis, an dem alle Volkskreise ihren Anteil hatten. Denn auch England hatte es an sich erfahren, daß jeder Seekrieg, auch der schließlich siegreiche, Stockungen hervorruft auf allen Wegen, die das Land mit der Außenwelt verbinden. In wieviel höherem Maße ist dies aber in einem unglücklichen Kriege der Fall! So ist am Seekriege, wie er auch verlaufen mag, das ganze Erwerbsleben des Landes beteiligt und dies macht ihn zum Volkskriege.

Welche Folgen ein Seekrieg für Deutschland haben würde,

wie auch der Nährstand dazu mitwirken könnte, ihn zu einem guten Ende zu führen, davon könnte man sich im einzelnen wohl erst ein Bild machen, wenn ein bestimmter Fall vorläge. Denn die Verknüpfung des Seekrieges mit dem Wirtschaftsleben wird ihre Gestalt ändern mit der politisch=merkantilen Kombination, die dem Konflikt zugrunde liegt. Zwei Hauptfälle aber kann man immer im voraus schon herausheben: wir sind imstande, unsere Grenze mit Waffengewalt vorzuschieben bis an die Küste des Feindes, oder wir müssen den Feind in unseren Gewässern erwarten, weil wir zu solcher offensiven Kriegführung zu schwach sind. Ich will einmal mit wenigen Strichen zu zeichnen versuchen, wie mir das Bild eines Krieges in dem zweiten hier angenommenen Falle erscheint, eines Defensivkrieges also, in dem wir nur darauf ausgehen können, dem Feinde die Erringung der Seeherrschaft in unseren Gewässern zu verwehren oder wenigstens ihrer Ausnutzung im Sinne des Handelskrieges Schwierigkeiten zu bereiten.

Die Fortsetzung des deutschen Seehandels im Lande ist ein Nord=Südhandel, der, den großen Flüssen und den Eisenbahnen folgend, bis nach Ungarn und Böhmen, bis in die Schweiz hinein reicht. Dort erst begegnet er dem Seehandel der österreichischen und italienischen Mittelmeerhäfen, die, durch Gebirgsketten von der Mitte des Kontinents geschieden, weder so gute Wasserstraßen noch so billige Eisenbahnverbindungen für Massengüter dorthin haben wie das norddeutsche Flachland. Mit diesen von der See her kommenden Nord=Südwegen kreuzt sich ein Ost=Westverkehr mit den unsere anderen Grenzen umschließenden Ländern. Eine Einschließung des deutschen Seehandels durch den Krieg würde nun nicht nur die Grenze des Mittelmeerhandels nach Norden zu verschieben, sie würde auch den Verkehr nach unseren dem Ozean zugewandten westlichen Nachbarländern, vielleicht auch den von Osten herkommenden, zunehmen lassen. Dieser anderen Abgrenzung des Nord=Südverkehrs, der zunehmenden Bedeutung des Ost=Westverkehrs schnell zu folgen, würde Aufgabe unserer Industrie und unseres Handelsstandes sein und davon, wie sie sich dieser Aufgabe gewachsen zeigen, würde es mit abhängen, wie die Dinge sich gestalten würden. Aber nicht nur eine Umlegung der Handelswege würde dies bedeuten, sondern unter allen Umständen eine Erschwerung des Verkehrs, eine Verteuerung der Ware, eine Handelskrise, deren Schwere sich richtete nach unseren Kriegserfolgen zur See. Will man nicht alle, also auch die teurere indirekte Verbindung mit dem überseeischen Ausland aufgeben, will man verhindern, daß tausende von Fabriken feiern und ihre Arbeiter brotlos werden, so muß, wenn auch mit Einschränkung des Betriebes, weitergearbeitet werden unter Heranziehung aller Reserven, unter äußerster Anspannung des Kredits, bis der eiserne Gürtel sich lockert oder löst.

Wie weit es gelingen würde, auf solche Weise die nationale Arbeit, wenn auch auf der untersten Grenze des Verdienstes oder mit Verlust, im Gange zu halten, erscheint fraglich. Aber unsere Betrachtungen über den Handelskrieg haben uns nicht nur seinen unheilvollen Einfluß auf das Verkehrsleben des von der See abgeschnittenen Landes gezeigt, sie haben uns auch seine Grenzen erkennen lassen. Nehmen wir einmal England als Feind an und erinnern uns daran, daß jede Blockade doppelseitig wirkt, so käme in Betracht, daß dieses Land im Frieden einen großen Warenaustausch mit uns hat und daß bei völligem Abschluß des deutschen Handelsverkehrs auch seinem Handel bedeutende Verluste in Aussicht ständen. Will es diese Verluste nicht zu sehr steigern, so würde England vielleicht ganz damit einverstanden sein, wenn uns die Güter, die uns sonst direkt über See zugingen, im Kriege auf dem Umwege über die neutralen Nachbarländer erreichten. Es lassen sich aus der Napoleonischen Zeit Beispiele dafür anführen, daß England solchen Warenverkehr auf Umwegen nicht nur zuließ, sondern anstrebte. Es erhielt sich dadurch seinen Absatz und fügte doch dem Gegner, der teure Waren bezog, einen Schaden zu. Nach derselben Seite würde England jetzt auch wohl gedrängt werden durch die Rücksicht auf Neutrale, die es heute nicht mehr so außer acht lassen dürfte wie vor hundert Jahren. Denn es ist nicht so leicht, ein am Konsum und an der Warenerzeugung der Welt lebhaft beteiligtes Volk von 60 Millionen Menschen so reinlich aus dem Weltverkehr auszuschalten, daß nicht Neutrale dabei empfindlichen Schaden erleiden. Eine hierdurch entstehende politische Mißstimmung braucht sich noch nicht zu direkter Kriegsdrohung zu verdichten, um Einfluß zu gewinnen auf die Entschlüsse dessen, der seinen Gegner im ersten Anlauf zwar niedergerungen, dabei aber doch an Kraft Einbuße erlitten hat. Ohne Beeinflussung von anderer Seite her hätte Japan wohl kaum in Portsmouth Frieden mit Rußland geschlossen.

IV. Die heutigen Weltverkehrsstaaten und der Seekrieg.

So führt die Betrachtung der wirtschaftlichen Seite des Seekrieges uns zu Überlegungen, die zeigen, daß wir, so sehr der politische Rückhalt eines gegen den Krieg sichernden Bündnisses uns erwünscht wäre, wenn er uns aufgezwungen wird, vielleicht gar nicht um Hilfe zu bitten brauchen, sondern daß reine Utilitätsrücksichten, wie sie aus der Verknüpfung der wirtschaftlichen Interessen aller Länder entstehen, dazu führen können, uns Verbündete zu werben und das Schwerste abzuwenden. Denn nicht der Unterschied der absoluten Kampfkraft ist allein entscheidend in solchem Kriege, er muß vielmehr gemessen werden an der Verletzlichkeit der Seeinteressen beider Länder und an ihrem Verhältnis zu den Neutralen, wenn man aus ihm richtige Schlüsse ziehen will für den Erfolg.

Wir sehen, es sind andere Folgen des Krieges, denen wir gegenüberständen, als die der Landkrieg bringt. Aber ob verödete Häfen und ruhende Fabriken den Weg des Krieges bezeichnen oder brennende Dörfer und zerstampfte Saaten, es sind nur veränderte Erscheinungsformen desselben Dinges. Soll unser Vaterland aus solchem Kriege ehrenvoll hervorgehen, so müssen alle Teile des Landes und alle Schichten des Volkes in patriotischem Sinne zusammenstehen und mutig ausharren in selbstbeschränkender Genügsamkeit und in gemeinsamer Arbeit. Nur wenn so die Kampftätigkeit unserer Flotte unterstützt wird von dem ganzen Volk, wenn Wehrstand und Nährstand, Kapital und Arbeit, Binnenland und Küste treu zusammenhalten, kann ein ehrenvoller Friede errungen werden, der die Wunden heilt, die der Krieg geschlagen hat. Aber das Rückgrat alles Erfolges bildet eine kampfkräftige Flotte.

Druck von Theodor Hofmann in Gera.